JN273956

ミャンマーの夜明け

加賀美充洋

日本経済評論社

はしがき

修業中の少年僧たち

ミャンマーが脚光を浴びている。軍政が形の上で終わり、経済の自由化が進んでいるからだ。一方、中国リスクの高まり、自然災害（地震、津波、タイの洪水）によるサプライチェイン・ネットワークの寸断リスク、タイ、フィリピン等の賃金高騰リスクなどにより、投資分散を迫られた民間企業が、新たな投資先としてミャンマーに注目し始めた。

　ミャンマーは、6,000万人を超える人口、豊富な天然資源、中でも天然ガス、水力発電等のエネルギー資源に恵まれ、英語が比較的よく通じ、賃金が安く勤勉で温和な人々といった種々のメリットを持っている。また、中国とインドに国境を接し、地政学的に重要な位置のみならず、アセアン＋1によりアセアン・メンバーであるミャンマーは、アセアンと中国、アセアンとインドとの自由貿易協定を使って関税なしで部品を輸入し、加工商品をつくりこれら2大国に関税なしで輸出できる。

　筆者は、2007年7月から2011年3月までバンコクに住んで、カンボジア、ラオス、ミャンマー、ベトナムの公務員たち、特に政策担当官に対する経済研修を行う機会を得た。また、2011～12年の間も講師としていくつかの研修に招請された。その経験をもとに、特にミャンマーの事例を取り上げ紹介する。この研修プログラムは、日本の経済産業省が、2008年にジャカルタに創設した国際機関、「東アジア・アセアン経済研究センター」（ERIA）の人材養成活動として行われた事業の一部であった。

　ここでは、ミャンマーに話を絞って紹介する。その理由は、一つは、上記のようにミャンマーに対する関心が、非常に高まっているからである。今まで軍政であったため、資料等も限られていた。自

由化により資料面も解禁された感があり、新規の資料も出てきたからである。もう一つは、こちらのほうが重要であるが、ミャンマーの自由化は、新政権になって突然行われるようになったのではない点である。公務員たちはすでに2007〜08年頃から徐々にその準備をしており、特に本文で解説する「アセアン経済共同体行動計画」（2007年11月）の出現がその契機となった。

　また、一番驚いた点は、ミャンマーで行う研修のたびに筆者たちがお世話になっていたヤンゴン経済大学のカンゾウ学長が、2011年3月のテインセイン新政権成立で、国家計画経済発展省の副大臣に任命され、2012年8月の内閣改造によって大臣に指名されたことである。筆者が所属していたアジア経済研究所（1998年に日本貿易振興機構と統合）は、ミャンマーに何人もの研究者を長期派遣していたが、皆カンゾウ博士のお世話になった。またご本人も1996年にアジア経済研究所の海外客員研究員として8カ月東京に滞在し、ミャンマー研究者たちと交流した経緯があるからである。今後のご活躍をお祈りしたい。

　アジアというと近いので何となくわかったような気でいる人が多い。しかし、日本の一般のアジア認識は大変遅れている。現在アジア、特に東アジアは急速に変貌しており、その動きを読者の方々に理解して頂けたら幸甚である。

目　　次

はしがき　i

第1章　東アジア経済圏の出現 …………………………………… 1

　　1-1　アセアン経済の活発化　2
　　1-2　アセアン自由貿易協定でアジアのハブに　10
　　1-3　アセアンはアセアン経済共同体を目指す　13
　　1-4　アセアン経済共同体行動計画　15
　　1-5　アセアン経済共同体スコアカード　22
　　1-6　アセアン経済共同体の先にあるもの　25

第2章　CLMV諸国公務員研修の経緯 ……………………… 31

　　2-1　東アジア・アセアン経済研究センター（ERIA）の設立　32
　　2-2　アジア経済研究所・バンコク研究センターの役割　35
　　2-3　講師派遣型研修の開始　39

第3章　ミャンマー経済の概要
　　　　——ミャンマー側データから—— ……………… 47

　　3-1　概要　49
　　3-2　GDP成長率　50

3-3　GDP 各部門の推移 52
3-4　経済開発戦略 54
　　3-4-1　部門別計画 54
　　3-4-2　地域開発 56
　　3-4-3　国境・辺境開発 57
　　3-4-4　工業開発促進機関 59
3-5　貿易と外国直接投資 60
　　3-5-1　貿易の状況 60
　　3-5-2　国境貿易 63
　　3-5-3　外国直接投資の流入 64
3-6　金融部門 68
3-7　中小企業政策 71
　　3-7-1　ミャンマーにおける中小企業の定義 71
　　3-7-2　中小企業の現状 72
　　3-7-3　中小企業政策 73
3-8　ICT 76

第4章　ミャンマー研修の実態 ……………………… 79

4-1　初めてのミャンマー（2007年度研修）80
　　4-1-1　初めて訪れるネーピードー 81
　　4-1-2　第1回 ERIA ミャンマーセミナー（ネーピードー）84
4-2　ミャンマーを知る専門家の登場（2008年度研修）91
　　4-2-1　ミャンマー・セミナーの準備出張 92
　　4-2-2　第2回 ERIA ミャンマーセミナー（ネー

　　　　　　　　　　　　　　　　　　　　　　　　　　目　次　vii

　　　　　　　　　　　ピードー）93
　　　　4-3　地方への広報（2009年度研修）101
　　　　　　4-3-1　マンダレーセミナーの準備出張　101
　　　　　　4-3-2　第3回 ERIA ミャンマーセミナー（マン
　　　　　　　　　　ダレー）106
　　　　　　4-3-3　公務員の改革への本気度　113
　　　　4-4　バンコク・ミャンマー・ワークショップ　114
　　　　　　4-4-1　研修内容　116
　　　　　　4-4-2　ワークショップの全体的評価　120
　　　　4-5　山の上ホテル（2010年度研修）121
　　　　　　4-5-1　ミャンマーへの準備出張　122
　　　　　　4-5-2　第4回 ERIA ミャンマーセミナー（ネー
　　　　　　　　　　ピードー）126
　　　　4-6　新政権下の大変化（2011年度研修）132
　　　　　　4-6-1　ミャンマーの劇的な変化——カンゾウ副
　　　　　　　　　　大臣　133
　　　　　　4-6-2　第5回 ERIA ミャンマーセミナー（ネー
　　　　　　　　　　ピードー）134
　　　　4-7　カンゾウ博士が大臣になる（2012年度研修）140
　　　　　　4-7-1　第6回 ERIA ミャンマーセミナー（マン
　　　　　　　　　　ダレー）142
　　　　　　4-7-2　3度目のマンダレー　152

第5章　研修を成功させるために ………………………… 159

第6章　ミャンマーの自由化はすでに始まっていた ……… 165

　　　　6-1　軍政後期の動き　166

6-2　テインセイン新政権になって　169

第7章　ミャンマーの発展可能性 …………………………… 175

　　　7-1　発展の魅力と問題点　176
　　　7-2　研修を通したミャンマー側の懸念　182
　　　7-3　日本の方向性　186

あとがき　193
参考文献　199
索　引　203

目　次　ix

【囲み記事リスト】

囲み記事1　ミャンマーの自動車プレート　88
囲み記事2　デング熱に罹る　111
囲み記事3　オピウム・ウエイト　125
囲み記事4　三大聖地巡り　153
囲み記事5　仏塔が林立する町、バガン　179

【図・表リスト】

図1　ミャンマーの地図　xiii
図2　アセアンがアジア貿易のハブに　12
図3　首都の一般工職月額基本給（2011年12月〜12年1月調査）　178
表1　アセアン諸国の指標（2005〜11年）　6
表2　アセアン経済共同体（AEC）行動計画（2007年）　18
表3　アセアン経済共同体スコアカードによる目標実行度（第1段階2008〜09年と第2段階2010〜11年の合計）　22
表4　バンコク研究センター担当ERIAセミナー・ワークショップ（2007〜11年度）一覧　40
表5　ミャンマー：実質GDP成長率　51
表6　ミャンマー：GDP部門別シェアの推移　53
表7　ミャンマーの輸出入額の動き（2001/02〜08/09年）　61
表8　ミャンマー：貿易相手国（2008/09年）　62
表9　ミャンマー：輸出品トップ10（2006年度）　63
表10　ミャンマー：国境貿易の推移（2001〜08年度）　64
表11　ミャンマー：外国直接投資受入額（2009年3月31日までの累積認可額）　66
表12　ミャンマー：外国直接投資の部門別内訳（2009年3月31日までの累積認可額）　67
表13　ミャンマー：零細・中小企業の定義　71
表14　ミャンマー：規模別企業数の推移（2000〜09年）　72
表15　ミャンマー：業種別中小企業（2009年9月時点）　73

表16　バンコク・ミャンマー・ワークショップ出席者リスト（2009年11月9〜13日）　115
表17　連邦政府新閣僚名簿（2012年9月7日現在）　172

【本文写真リスト】

写真1　スパゲッティ・ボール効果？（シンガポール国際問題研究所提供）　13
写真2　ネーピードー飛行場　82
写真3　ピンマナの町　83
写真4　ピンマナ市場　83
写真5　ネーピードーの新パゴダ　84
写真6　国家計画経済発展省の前にて　88
写真7　左からドウ・ミョーヌエ対外経済関係局長、ドウ・ライライテイン計画局長等　93
写真8　ネーピードー高速道路（建設中）　94
写真9　ネーピードーセミナー会場　95
写真10　中央がトゥーラインゾウ大佐（副大臣）　100
写真11　宝石博物館　100
写真12　メイッティーラの現役馬車　102
写真13　マンダレー市街　103
写真14　マンダレー管区商工会議所の皆様と　103
写真15　マンダレー王宮　104
写真16　マンダレーヒルからの眺望　104
写真17　マンダレー飛行場　105
写真18　ヘホー飛行場　105
写真19　マンダレーセミナー会場の討論風景　110
写真20　バンコク・ワークショップ会場　117
写真21　ベタグロ工場見学　119
写真22　ワークショップ受講証　119
写真23　緑多いヤンゴンの風景　123
写真24　ボーヂョーアウンサン市場　124

写真25　山の上ホテル　127
写真26　新局長の挨拶を熱心に聴く参加者　127
写真27　威風堂々の国際コンベンションセンター　135
写真28　カンゾウ副大臣と一緒に　138
写真29　ティンナインテイン大臣表敬　138
写真30　新しい国会議事堂　139
写真31　セドナホテル会場　143
写真32　ウ・アウンウィンカイン会頭の閉会の挨拶　151
写真33　ネーピードー〜マンダレー高速道路のマンダレー終点　153
写真34　増えたオートバイや自転車　153

【囲み記事写真リスト】
写真①　自家用（黒色）：4 Ga/7336、Ga はアルファベットの C　89
写真②　営業用（タクシー、赤色）：KaKa/9511、KaKa は AA　89
写真③　営業用（バス、赤色）：2 Ga/4587、Ga は C　89
写真④　宗教団体（黄色）：Thar/1040、Thar は宗教を意味する　89
写真⑤　外交団（白色）：Than-14/ 2、Than は外交官　89
写真⑥　国連（白色）：Pwe'-3/34、Pwe' は機関　90
写真⑦　新しいタクシーのプレート（赤色）　90
写真⑧　外国人観光客用ツアーバス（青色）：1 Gha/2633、Gha は D　90
写真⑨　軍用（黒色）：☆3557（Ma）　90
写真⑩　ヒンタの錘　125
写真⑪　象の錘　125
写真⑫　半円形のケースに入ったチベット雄牛　126
写真⑬　シュエダゴン・パゴダ　154
写真⑭　落ちそうで落ちないゴールデン・ロック　155
写真⑮　マハムニ仏　156
写真⑯　アンコールワットの青銅像　156
写真⑰　エーヤーワディ川の畔のホテル　179
写真⑱　ポパ山麓の地元信仰　179

写真⑲　スラマニ寺院　179
写真⑳　アーナンダ寺院　179
写真㉑　タビィニュ寺院　180
写真㉒　ダマヤンヂー寺院　180
写真㉓　観光客用の牛車　180
写真㉔　サンセット・テンプルからの夕日　180
写真㉕　バガンの漆器　181

【中表紙写真リスト】
修業中の少年僧たち　i
ミャンマーの麺モヒンガー　1
物売りの少女たち（ポパ山にて）　31
インワの仲良し少女たち　47
勉強中の子供たち（バゴーにて）　79
ネーピードー高速道路中間点の休憩所で働く少年たち　159
シュエダゴン・パゴダの清掃隊　165
メイッティーラで見かけた少女たち　175
シュエダゴン・パゴダにある小仏　193

図1　ミャンマーの地図

```
                インド
                      カチン州
                        ⊙ ミッチーナー        中国
                ザガイン管区
         チン州
バングラデシュ              シャン州
              ⊙ ハカ    ⊙ ザガイン
                        ⊙ マンダレー
                       マンダレー管区
ラカイン州   ⊙ マグェー    ⊙ タウンジー
 シットェー                              ラオス
       マグェー管区    ✪ ⊙ ロイコー
                   ネーピードー  カヤー州
              バゴー管区      カイン州
                  ⊙ バゴー   ⊙ モン州
         ⊙ パテイン  ⊙ ヤンゴン ⊙ パアン
                               モーラミャイン
       エーヤーワディ管区                    タイ
              ヤンゴン管区

                    ⊙ ダウェー

                 タニンダーイー管区

─────  国境
── ── ── 州・管区境        アンダマン海
✪ 首都
⊙ 州都／管区政庁所在地
```

注：海岸線や島嶼等は不正確なので注意。
出所：筆者作成。

第1章　東アジア経済圏の出現

ミャンマーの麺モヒンガー

アジア経済の台頭は著しい。リーマン・ショックのときに米国・ヨーロッパ経済が不況に陥った際に中国やインドを含めたアジアの巨大需要が世界経済を牽引した。また製造業の生産においてもアジアが次第に世界の工場になりつつある。BRICsといわれるブラジル、ロシア、インド、中国の経済の存在感が大きくなってきたが、あまり知られていないのは、ASEAN（東南アジア諸国連合、以下アセアンという）諸国10カ国の動きが大変活発になってきており、むしろアセアンがハブとなって周辺国を巻き込んだ巨大な東アジア経済圏を構成しつつある事実である。周辺国とは、日本、韓国、中国、インド、オーストラリア、ニュージーランドを指す。アセアン10カ国とこれら6カ国は東アジア首脳会談（EAS）のメンバーである。本書では東アジアというとき、この16カ国を含む地域を指す。隣人であるアジア諸国が急激に変わる中で、ここでは知っているようで知らないその現状を概観する。

1-1　アセアン経済の活発化

アセアンは、もともと共産主義の浸透を防ぐために1961年に結成された東南アジア連合を母体として1967年にインドネシア、マレーシア、フィリピン、シンガポール、タイの5カ国で発足した。1984年にブルネイが加盟した。タイやフィリピンも参加したベトナム戦争（1960〜75年）を経て1995年にベトナムが加盟し、それまでの反共的な同盟からイデオロギーを離れた地域の統合体へ大きく変容した。1997年にはラオスとミャンマーが加盟し、さらに1999年にカンボジアが加盟して現在の10カ国体制になった。ブルネイ、インドネ

シア、マレーシア、フィリピン、シンガポール、タイの 6 カ国を先行アセアン諸国、後から加盟したカンボジア、ラオス、ミャンマー、ベトナムを新規アセアン諸国、ないし新規加盟諸国という。

　アセアンの一つの大きな特徴は、地域内の自由貿易を行う目的で統合の動きが早くから始まったことである。1992年の「シンガポール宣言」において、2008年までに域内関税を撤廃しようとする「アセアン自由貿易地域」（AFTA）が決定され、翌年から発効した。域内関税に関しては具体的に、先行アセアン諸国は2002年までに関税を 0～5％に下げる。ベトナムは2003年までに、そしてラオス、ミャンマーは2005年まで、またカンボジアは2007年までと決めた。これを共通有効特恵関税（CEPT）システムと呼ぶ。CEPT の目標年は何度か変更されたが、最終的に2009年に AFTA と CEPT は統合されて「アセアン物品貿易協定」（ATIGA）となり、先行 6 カ国は2010年までにほとんどの品目について関税撤廃を実現、新規 4 カ国は2015年までに撤廃と決められた[1]。さらにサービス貿易に関しては、1995年に「アセアン・サービス枠組み協定」（AFAS）が結ばれてサービス（金融、海運、電気通信、航空、観光、建設等の分野）の自由化も進展している。

　これらの措置によりアセアン域内で財・サービス移動の自由化が徐々に進んだ結果、域内の貿易が活発化した。さらに先進国はアセアン内に投資することで生産物がゆくゆくは関税ゼロで域内を移動することに気づいて続々と工場をアセアンに持ってきた。アセアン自身も1998年にアセアン投資地域（AIA）枠組み協定を結んで域内の投資促進、外国直接投資の誘致を推進した。外資の内国民待遇の付与や投資対象部門の拡大等を目指している[2]。また。アセアン域

内の水平分業を促進するために「アセアン産業協力」(AICO) スキームも1996年に打ち出され、域内に立地する企業が、原料、部品、完成品を他のアセアン諸国の企業から輸入する際に、0〜5％の特恵関税率の適用を前倒しで受けることができる。この制度は企業間のサプライチェイン・ネットワーク形成を促進し、域内の中間財貿易を増やす結果となった。特に自動車産業において顕著に利用された。

いずれにしても、アセアン10カ国で6億人を超える大市場である。また賃金も安く良質な労働力を備えている。アセアン自身がこのように自由化に積極的であることを考えれば、この地域が今後中国、インドに加え世界の市場、生産基地となるのは誰の目にも明らかである。

アセアン域内の貿易を国連の統計 (UN Comtrade) を用いて試算すると、アセアンからアセアンに輸出した額を、世界各国がアセアンに輸出した総額を100として計算すると2000年29.8％、2008年31.0％と1.2％増加した。しかし、中間財の輸出だけを見ると域内輸出は同期間で31.4％から33.2％と1.8％増加した。同様にアセアンがアセアンから輸入した額を、世界各国がアセアンから輸入した額と比較して、輸入全体で2000年20.4％から2008年22.9％と2.5％増加した。中間財の域内輸入は26.3％から27.7％へと1.4％増加した[3]。すなわち域内の企業同士の部品のやり取りが盛んになってきていることを示している。

ここで興味深い点は、中国からアセアンへの輸出額が上記期間で5.4％から15.0％に、一方、中国のアセアンからの輸入額も5.6％から12.5％に急増していることと、米国からアセアンへの輸出額が

14.4％から8.7％へ、米国のアセアンからの輸入額も22.6％から11.9％に減っていることである。これを見ると、米国が安全保障以外に経済面でも危機感を募らせ中東からアジアに外交の力点を移したのは理解できる（2011年から米国とロシアが東アジア首脳会談の正式メンバーになった）。因みに日本がアセアンに輸出した比率は、2000年20.5％から2008年12.9％に、日本のアセアンからの輸入は14.7％から11.0％に米国と同様に減少している。

ところでアセアン域内の関税撤廃については、2010年1月1日に先行加盟国6カ国は7,881品目の域内関税を撤廃した。これによりCEPT適用品目は全体の99.11％、計54,457品目になった。域内の平均関税率は0.79％から0.05％にまで低下した。

最後に、簡単にアセアン各国の経済状況を見ておこう。アセアン10カ国の人口は前述したように2011年において6億876万人、1番多いのはインドネシアで2億4,100万人、次にフィリピン9,590万人、ベトナム8,930万人、タイ6,410万人、ミャンマー6,240万人と続く。フィリピンやベトナムの人口が思ったより多いのは意外であろう。1番少ないのはブルネイの43万人である（表1参照）。1人当たりGDPを見ると、同じく2011年において1番高いのはシンガポールの4万9,271ドルである。2010年にシンガポールは日本の1人当たり所得を抜いた（因みに日本の2011年における1人当たりGDPは4万5,920ドルである）。アセアンで2番目に高いのは、ブルネイの3万6,584ドルであり、3番目がマレーシアの9,700ドルである。新規加盟国4カ国はまだ1人当たり所得が低い。ベトナム1,374ドル、ラオス1,204ドル、カンボジア852ドル、ミャンマー832ドルである。アセアン諸国内にこのように所得格差が存在することで、その格差

表1　アセアン諸国の指標(2005〜11年)

	2005	2006	2007	2008	2009	2010	2011*
先行加盟国6カ国							
ブルネイ・ダルサラーム							
①人口（100万人）	0.37	0.38	0.39	0.40	0.41	0.41	0.43
②1人当たりGDP（ドル）	25,754	29,949	31,404	36,223	26,423	29,852	36,584
③実質GDP成長率（％）	0.4	4.4	0.2	−1.9	−1.8	2.6	1.9
④農業の対GDP比（％）	0.9	0.7	0.7	0.6	0.9	0.8	0.6
⑤財・サービス輸出の対GDP比（％）	70.2	71.7	67.9	78.3	72.8	81.4	81.3
インドネシア							
①人口（100万人）	221.4	224.6	227.8	231.0	234.3	237.6	241.0
②1人当たりGDP（ドル）	1,291	1,622	1,898	2,212	2,299	2,981	3,509
③実質GDP成長率（％）	5.7	5.5	6.3	6.0	4.6	6.2	6.5
④農業の対GDP比（％）	13.1	13.0	13.7	14.5	15.3	15.3	16.9
⑤財・サービス輸出の対GDP比（％）	34.1	31.0	29.4	29.8	24.2	24.6	31.0
マレーシア							
①人口（100万人）	26.5	26.8	27.2	27.5	27.9	28.3	28.7
②1人当たりGDP（ドル）	5,211	5,839	6,873	8,091	6,917	8,418	9,700
③実質GDP成長率（％）	5.3	5.8	6.5	4.8	−1.6	7.2	5.1
④農業の対GDP比（％）	8.4	8.8	10.1	10.2	9.5	10.6	12.0
⑤財・サービス輸出の対GDP比（％）	117.5	116.5	110.0	103.2	96.4	97.3	91.6
フィリピン							
①人口（100万人）	85.3	87.0	88.7	90.5	92.2	94.0	95.9
②1人当たりGDP（ドル）	1,209	1,405	1,684	1,918	1,827	2,123	2,223
③実質GDP成長率（％）	4.8	5.2	6.6	4.2	1.1	7.6	3.7
④農業の対GDP比（％）	12.7	12.4	12.5	13.2	13.1	12.3	13.0
⑤財・サービス輸出の対GDP比（％）	46.1	46.6	43.3	36.9	32.2	34.8	29.0
シンガポール							
①人口（100万人）	4.40	4.59	4.84	4.99	5.08	5.18	5.27
②1人当たりGDP（ドル）	28,498	31,763	36,695	38,087	36,567	43,865	49,271
③実質GDP成長率（％）	7.4	8.8	8.9	1.7	−1.0	14.8	4.9
④農業の対GDP比（％）	0.1	0.0	0.0	0.0	0.0	0.0	0.0
⑤財・サービス輸出の対GDP比（％）	229.7	233.4	217.7	241.4	224.8	207.2	209.0
タイ							
①人口（100万人）	62.4	62.8	63.0	63.4	63.5	63.9	64.1
②1人当たりGDP（ドル）	2,825	3,296	3,918	4,300	4,151	4,992	5,394
③実質GDP成長率（％）	4.6	5.1	5.0	2.6	−2.3	7.8	0.1
④農業の対GDP比（％）	10.3	10.8	10.7	11.6	11.5	12.4	12.4
⑤財・サービス輸出の対GDP比（％）	73.6	73.6	73.4	76.4	68.4	71.3	77.6
新規加盟国4カ国							
カンボジア							
①人口（100万人）	13.83	14.16	14.32	14.56	14.81	14.95	15.10
②1人当たりGDP（ドル）	455	514	603	711	703	753	852

③実質 GDP 成長率（%）	13.3	10.8	10.2	6.7	0.1	6.0	6.1
④農業の対 GDP 比（%）	32.4	31.7	31.9	34.9	35.7	36.0	36.7
⑤財・サービス輸出の対 GDP 比（%）	64.1	68.6	65.3	65.5	49.2	54.1	54.1
ラオス							
①人口（100万人）	5.88	5.98	6.09	6.21	6.32	6.44	6.56
②1人当たり GDP（ドル）	464	596	694	856	886	1,004	1,204
③実質 GDP 成長率（%）	6.8	8.6	7.8	7.8	7.6	7.9	8.3
④農業の対 GDP 比（%）	36.2	35.3	36.1	34.9	35.0	32.7	30.8
⑤財・サービス輸出の対 GDP 比（%）	34.2	40.4	34.5	32.0	30.9	35.5	37.7
ミャンマー							
①人口（100万人）	55.4	56.5	57.6	58.8	60.0	61.2	62.4
②1人当たり GDP（ドル）	216	257	350	533	587	742	832
③実質 GDP 成長率（%）	13.6	13.1	12.0	3.6	5.1	5.3	5.5
④農業の対 GDP 比（%）**	46.7	43.9	43.3	40.3	38.1	36.4	—
⑤財・サービス輸出の対 GDP 比（%）**	0.2	0.2	0.2	0.1	0.1	0.1	—
ベトナム							
①人口（100万人）	83.1	84.2	85.2	86.2	87.2	88.3	89.3
②1人当たり GDP（ドル）	637	724	835	1,048	1,068	1,174	1,374
③実質 GDP 成長率（%）	8.4	8.2	8.5	6.3	5.3	6.8	5.9
④農業の対 GDP 比（%）	21.0	20.4	20.4	22.2	20.9	20.6	19.7
⑤財・サービス輸出の対 GDP 比（%）	69.4	73.6	76.9	77.9	68.3	77.5	80.7

注：＊推定値。
　　＊＊世銀のデータにないのでアジア開発銀行の Key Indicators for Asia and the Pacific 2012 (43rd Edition) より採る。
出所：①②③は IMF, World Economic Outlook Database (April 2012) および④⑤は World Bank, World Development Indicators Database 2012より。

解消が緊急の課題となっている。

　実質 GDP 成長率をみると、2008年のリーマン・ショックの影響を、2009年の成長率がマイナスであった国でみるとブルネイ（−1.8%）、マレーシア（−1.6%）、シンガポール（−1.0%）、タイ（−2.3%）であった。インドネシアとフィリピンはマイナス成長を免れた。一方、新規加盟国4カ国はいずれもプラス成長を示した。ただ、カンボジアは繊維・縫製輸出を欧米の市場に頼っていることもあり前年の6.7%から0.1%へと沈んだ。カンボジア、ラオス、ミャンマー、ベトナム諸国はしばしばその国の頭文字を取ってCLMV

諸国と呼ばれるが、CLMV諸国が先進国と金融面であまり繋がっていなかった点がこれら諸国への経済的影響を抑えたといえよう。なお、タイは2011年10月に大規模な水害が首都周辺で発生、工業団地が被害を受けた。その影響でタイ経済は同年0.1％に落ち込んだ。

農業部門の（付加価値で見た）GDPに対する比率を各国比較すると興味深い事実がわかる。インドネシア、マレーシア、フィリピン、タイに対する日本人のイメージは、各国とも一次産品が豊富で農業国であるというものだろう。実はそうではないのである。インドネシアでこの比率が1番高い年は2011年（16.9％）、次はフィリピンの2008年（13.2％）、そしてタイの2010年と2011年（同率の12.4％）、マレーシアの2011年（12.0％）と続く。最高でも17％を超えていない。これら諸国は、工業化に成功し今や工業国に変貌しているのである。例えば、タイは東南アジアのデトロイトといわれるぐらい自動車産業が盛んで、日産のマーチは今やタイで全車生産されて世界に輸出されているし、コンピュータの要となるハード・ディスク・ドライブ（HDD）のタイにおける生産は世界の約半分を占めているのである。タイの工業部門の対GDP比は、なんと40％を超えている（2011年43.5％）。日本は工業国といわれるが同比率は27～28％である。

一方、新規加盟4カ国の農業部門比率はまだかなり高い。カンボジア、ラオスは30％台であるし、ミャンマーは40％台であったのが2009年からやっと30％台に落ちてきた。ベトナムは急速に工業化が進んでいるが、それを反映して2005～10年の間は20％を少し超えるぐらいであったが2011年に19.7％と20％を切った[4]。

アセアンの各国が工業化に邁進しているのなら工業製品の輸出を

通して輸出額が増えているに違いない(輸出志向型工業化と呼ばれる)。そこで財・サービス輸出額の対GDP比を見てみよう。まず先行加盟国6カ国であるが、驚異的なのはシンガポールである。その比率はなんと200％を超えているのである。シンガポールは古くから自由港として栄え、国策も貿易に立脚しているから当然と言えば当然であるが、あまりの高さに驚愕する。マレーシアの比率も高い。2008年までは100％を超えていた。ブルネイは石油輸出に依存しているので高いのは理解できる。タイはリーマン・ショック影響下の2009年（68.4％）を除けば、70％台を維持している。フィリピンやインドネシアもかなり高い数字を示している。各国が輸出に重点を置いていることがこれではっきりした。なぜならば、日本は輸出大国、輸出立国とよく言われるが、実は現実はそうではないのである。日本の財・サービス輸出の対GDP比は、近年14～18％の間を上下している。日本は実は内需に立脚した経済なのである。それに比べてアセアン諸国の比率がいかに高いか理解する必要がある。

一方、新規加盟4カ国のこの比率もミャンマーを除いて高い。ベトナムは輸出志向工業化に力を入れていて、輸出比率は2011年に80.7％に達した。カンボジアは前述したように縫製品の輸出に依存している（2011年において輸出額の88％を占めた）。ラオスの輸出比率も比較的高いが、ここでは鉱物資源と電力の輸出が大きい（2011年両者で64％を占めている）。一番不思議なのはミャンマーである。輸出比率は極端に低く、1％に達していない。欧米による経済封鎖の影響もあると思われるが、一番の要因は、為替レートであろう。貿易額はドル表示されるのでそれをチャット換算するときに極端に過大評価された公定レートを用いればチャット表示の輸出額

は極端に過小に示される。その影響が出ているものと思われる[5]。

いずれにしてもアセアン各国は一部の国を除いて工業化、輸出立国に邁進していることがわかる。その結果われわれの抱いていた古いイメージと違った国々が次々と出現しているのである。

1-2 アセアン自由貿易協定でアジアのハブに

前節で「アセアン自由貿易地域」(AFTA) と共通有効特恵関税 (CEPT) システムによってアセアン域内において関税が当初0～5％目標、続いて撤廃されることになったことを説明した。しかし、アセアンの自由貿易地域は関税同盟ではない(関税同盟は同一の関税をメンバー以外の国に対して課す)。域内諸国同士は関税がゼロになるが、アセアンのメンバーではない国に対しては、それぞれの国が持つ関税が適用される。例えば、中国がタイに輸出した商品には、タイの関税が適用される。そこで考えつくことは、中国がアセアンと自由貿易協定を結べば理論的には中国-アセアン間の関税はゼロとなる。すなわち中国からアセアン諸国に入る商品に関税はかからないし、またアセアン諸国から中国に輸出される商品も関税はかからない。中国からアセアンの一つの国に関税ゼロで入った商品は、次に加工されても ATIGA によってアセアン域内ではどこへも関税ゼロで移動できる。

こうしたメリットを得ようと周辺国がアセアンと次々に自由貿易協定を結ぶこととなった。もちろん周辺国の事情によって物品、サービス、投資等のカバレッジの範囲や自由度・開放度、さらに各国の議会による承認時点等に差はあるがこれらの自由貿易協定を発

効時点の早い順に並べると以下のようになる。

 (1) アセアン - 中国自由貿易協定（ACFTA）
            発効2005年7月1日
 (2) アセアン - 韓国自由貿易協定（AKFTA）
            発効2007年6月1日
 (3) アセアン - 日本包括的経済連携（AJCEP）協定
            発効2008年12月1日
 (4) アセアン - インド自由貿易協定（AIFTA）
            発効2010年1月1日
 (5) アセアン - オーストラリア・ニュージーランド自由貿易協定（AANZFTA）   発効2010年1月1日

　ここで興味深いのは、(1)〜(4) までは、1国とアセアンつまり国 - 地域との自由貿易協定であるが、オーストラリアとニュージーランドは1983年に「オーストラリア・ニュージーランド経済緊密化協定」（CER）を締結しており、アセアンとの自由貿易協定はCERとの協定、すなわち地域と地域の協定であることだ。いずれにしてもアセアンと周辺国とのFTAが完結したのでこれらを総称して「アセアン+1」という。

　これらを図示すると図2になる（図2参照）。これを見るとはっきりわかるのであるが、理論的には例えば、韓国がタイに投資をしてテレビ工場をつくったとすると、その工場は韓国から部品を関税ゼロで輸入してタイでテレビをつくり、加工品（テレビ）をもちろんアセアン域内にATIGAを使って関税ゼロで移動させて販売でき

図2　アセアンがアジア貿易のハブに

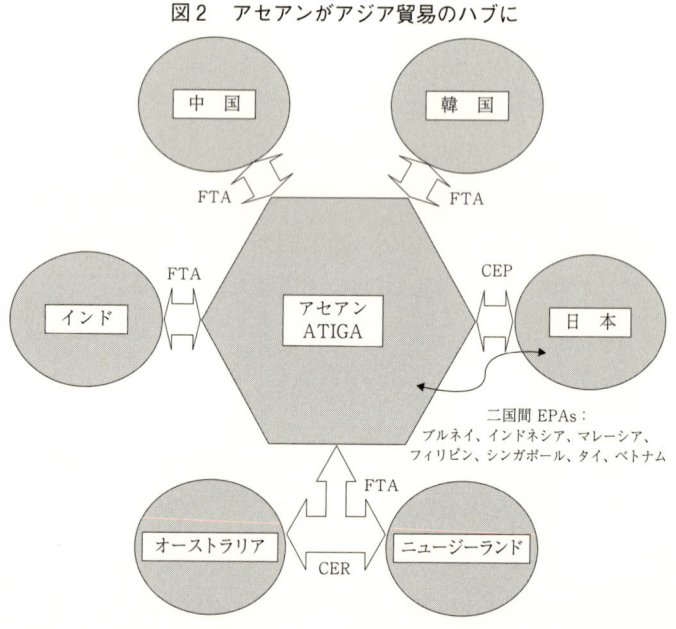

出所：Mitsuhiro Kagami, "Recent Trend in Asian Integration and Japanese Participation", M. Kagami (ed.), *Intermediate Goods Trade in East Asia: Economic Deepening through FTAs/EPAs*, BRC Research Report No. 5, Bangkok Research Center, IDE-JETRO, Bangkok, January 2011, p. 19より翻訳して転写。

るし、さらにインドや中国へも関税ゼロで輸出して販売できることになる。このメリットは大きく、そのために1国がアセアンと自由貿易協定を結べば他の国も自国が損をしないようにと追随することになる。結果的に、正にアセアンをハブとしたアジアの巨大交易圏が出現した[6]。

　ここで若干問題が複雑になるのは、これら周辺国は単独でアセアンの個別の国と2国間FTAも結んでいることである。例えば、日本は図示してあるように、ブルネイ（2008年7月発効）、インドネ

シア（2008年7月発効）、マレーシア（2006年7月発効）、フィリピン（2008年12月発効）、シンガポール（2002年11月発効）、タイ（2007年11月発効）、ベトナム（2009年10月発効）と自由貿易協定（日本は経済連携協定〈EPA〉と称している）を結んでいる。またインドとも協定を結んだ（2011年8月発効）。中国はシンガポール、ニュージーランドと2国間FTAを調印し、

写真1　スパゲッティ・ボール効果？
（シンガポール国際問題研究所提供）

発効している。また韓国もシンガポールとインドの2国間FTAが発効している。こうして種々のFTAが成立すると応募する企業も、またそれを審査する税関側もどの協定の関税率が適用されるのか、どの原産地規則が用いられるのかといった混乱が生じている。あるいは審査に時間がかかるといった事態が起きている。これをいろいろなものが混ぜこぜになって混乱する「スパゲッティ・ボール効果」と呼んでいる（写真1参照）。

1-3　アセアンはアセアン経済共同体を目指す

アセアンは域内の自由貿易地域創設だけでなく、さらにEUのように進化した共同体づくりを目指している。アセアンの共同体結成への動きは、1997年に発表された「アセアン・ビジョン2020」で

2020年に向けた目標として表明された（クアラルンプールにおける第2回非公式アセアン首脳会談）。これは2003年にインドネシアのバリ島において行われたアセアン首脳会談で具体化された（「バリ協約Ⅱ」と呼ばれる）[7]。ここにおいてアセアン経済共同体（AEC）、アセアン安全保障共同体（ASC）、アセアン社会文化共同体（ASCC）結成が示された。アセアン経済共同体（AEC）に関しては、このバリ協約ⅡでAECの2020年結成を謳い、共同体内では物品、サービス、投資、資本の自由な移動、公平な経済開発、社会経済的格差の解消を保証するとしている。また協約に付帯されたハイレベル・タスクフォース（HLTF）の勧告に従い、シングル・ウィンドウ、熟練労働者の自由な移動、優先商品の安全性等に関する相互認証協定、優先分野開発（農産物加工品、水産品、ゴム製品、木製品、繊維・衣服、自動車、電子製品、e-ASEAN、健康関連商品、航空便、旅行）、紛争解決メカニズム等の制度設計に着手あるいは改善・促進することになった。また新規加盟CLMV諸国の開発促進と統合への協力、人的資源開発、人材養成、インフラストラクチャーや通信の域内コネクティビティ強化等も目標とされた。

そして2007年1月のフィリピン、セブ島で行われたアセアン首脳会談でAFTA-CEPTの域内自由貿易地域の動きが順調に推移していることを受けて、AECづくりを加速させ2015年までに創設することが合意された（「セブ宣言」）[8]。セブ宣言では、ASCやASCCについてはいつまでにつくるとは明記してないが、AECに関しては2015年までと明記している。さらにその完成によって「一つのアセアン共同体」が2015年にできるとしている。また、石油価格の高水準が継続していることに対して、エネルギー開発の重要性を述べ、

代替エネルギー開発（バイオマスや原子力）の促進を促し、かつ自由なエネルギー市場の創設を謳っている。さらに経済格差解消に関しては、CLMV諸国のために「アセアン統合イニシャティブ」（IAI）の新たな取り組みと資金の投入、また経済格差解消のために運輸インフラのさらなる域内連結を推薦している。

そして遂に、2007年11月のアセアン・シンガポール首脳会談に共同体を実現するための野心的な「アセアン経済共同体行動計画」が提出されたのである。

1-4 アセアン経済共同体行動計画

2007年11月にシンガポールで開催されたアセアン首脳会談は最後に議長声明を発表した。そこにはアセアン経済共同体（AEC）について次のように書かれている。「われわれは、アセアン経済共同体の行動計画の終了とアセアンを2015年までに単一市場と生産基地、非常に競争的で十分に統合されたグローバルな共同体に変換するための行程表としての役割を果たす行動計画宣言の署名を歓迎する。われわれは公平な経済発展、貧困と社会経済的格差の解消の重要性を強調した。行動計画において準備された目標を計画どおりに実行することで経済統合の利益がアセアンのすべての人々に速やかに行きわたることを勧める。そしてその行動計画は、AECスコアカードのメカニズムの開発を通してモニターされるべきである。われわれは、行動計画中の約束を確実に仕上げるようにアセアン経済大臣（AEM）に仕事を課した。またわれわれは、2008年をアセアン経済共同体の認知度向上年とすることを指示した」[9]。行動計画の中身

はこれから紹介するとして、ここで声明が次のステップの AEC スコアカードによるモニタリングに触れていることに留意する必要がある。計画はつくっても実行されなければ意味がない。実行を監視するメカニズムが必要でそれを述べていることにアセアンの真剣度を感じる。なお、このシンガポール首脳会談で「アセアン憲章」も採択された。

アセアン経済共同体行動計画（AEC ブループリント、以下「計画」という）は、まず共同体実現のために四つの大きな柱を建てている。(1) 単一の市場と生産基地、(2) 競争的経済地域、(3) 公平な経済開発、(4) グローバル経済への統合ないし編入、である。アセアン全域を自由で開かれた一つの市場にし、またそこでは投資・生産も自由に行われて世界の工場となることを目指す。同時に地域内にある格差をなくす努力をする（CLMV 諸国を特に重点的に開発）。アセアンが自由で競争的な地域になれば世界経済へは自ずと容易に組み込まれていくことになる。この4本の柱の下で個々の戦略的施策目標を実行することで、2015年までに共同体を実現することになっているが、「計画」では2年ごと（2008〜09年、2010〜11年、2012〜13年、2014〜15年）の目標をそれぞれ定め実行していくことになっている。正に共同体実現の行程表なのである。

さて、(1) 単一の市場と生産基地においては七つの分野で自由化が目標となっている。それらは、①物品の自由な移動、②サービスの自由な移動、③投資の自由な移動、④資本の自由な移動、⑤熟練労働者の自由な移動、⑥優先統合分野、⑦食料、農業および林業、である。①〜⑤においては自由化プロセスと円滑化プロセス両方において実行目標が設定されている（表2参照）。

物品とサービスの自由な移動に関しては、要するにすでに発表された AFTA-CEPT とのちに統合されるアセアン物品貿易協定（ATIGA、2009年）、ならびにアセアン・サービス枠組み協定（AFAS、1995年）を行程表に従って速やかに実行することに尽きる。アセアン・シングル・ウィンドウは、貿易手続きの複数にわたる行政窓口をコンピュータにより申請・承認を一本化するシステムでいわゆる貿易業務のワン・ストップ・サービスと同じ仕組みの実現である。投資の自由な移動に関しては、アセアン投資地域枠組み協定（AIA、1998年）とその後にまとめられるアセアン包括的投資協定（ACIA、2009年）の実行である。熟練労働者の移動に国境を開放するアセアンの取り組みは非常に進んでいると日本人には映る。優先統合分野は、バリ協約Ⅱ（2003年）に付帯されたハイレベル・タスクフォース（HLTF）の勧告にすでに出てきたが、2004年のビエンチャンにおけるアセアン首脳会談[10]で合意された部門で、次の11部門である。①農産物加工品、②航空便、③自動車、④ e-ASEAN、⑤電子製品、⑥水産品、⑦健康関連製品、⑧ゴム製品、⑨繊維・衣服、⑩旅行、⑪木製品。これらの部門に関して他の部門に先行して自由化を推進しようとしている。

　(2) のアセアンを競争力のある経済地域にするための戦略的目標分野は、①競争政策、②消費者保護、③知的財産権、④インフラストラクチャー開発、⑤税制、⑥電子商取引、の6分野である。①～③に関しては、法律の制定、法執行機関の体制確立、域内におけるそれら機関のネットワークづくりが求められている。④インフラストラクチャー開発に関しては、特に運輸インフラストラクチャー、情報インフラストラクチャー、エネルギー・インフラストラクチ

表2　アセアン経済共同体

1．単一つの市場と生産基地	2．競争的経済地域
(1) 物品の自由な移動 　(1-1) 自由化 　　関税ならびに非関税障壁の撤廃 　(1-2) 円滑化 　　税関の統合 　　アセアン・シングル・ウィンドウ 　　標準や貿易への技術的障害の除去 (2) サービスの自由な移動 　(2-1) 自由化 　　アセアン・サービス枠組み協定（AFAS）推進 　　サービス貿易障壁の十分な除去 　(2-2) 円滑化 　　専門家の交流 　　専門サービスの相互認証協定 (3) 投資の自由な移動 　(3-1) 自由化 　　内国民待遇、アセアン投資地域（AIA）推進 　(3-2) 円滑化 　　透明性、手続きの簡素化 　　二重課税防止 (4) 資本の自由な移動 　(4-1) 自由化 　　資本規制の緩和、資本市場育成 　(4-2) 円滑化 　　情報交換、影響調査 　　源泉課税の推奨 (5) 熟練労働者の自由な移動 　(5-1) 自由化 　　雇用差別の撤廃 　(5-2) 円滑化 　　教育と研修における標準の調和化 　　職業訓練の相互認証 (6) 優先統合分野 　　11部門を先行して自由化 (7) 食料、農業および林業 　　これら産品の競争力強化と貿易促進	(1) 競争政策 　　公正な取引の推進 　　公正取引機関のネットワークづくり (2) 消費者保護 　　消費者保護体制の整備 　　その機関のネットワークづくり (3) 知的財産権 　　知的財産権の認知度広報 　　法執行機関の近代化・効率化 　　執行機関のネットワークづくり (4) インフラストラクチャー開発 　　運輸インフラストラクチャー 　　情報インフラストラクチャー 　　エネルギーインフラストラクチャー 　　インフラストラクチャーの金融 (5) 税制 　　二重課税防止協定促進 　　執行機関のネットワークづくり (6) 電子商取引 　　E-コマースの法制の調和化 　　紛争解決メカニズム

出所：ASEAN Secretariat, ASEAN Economic Community Blueprint および Strategic Schedule for

(AEC) 行動計画 (2007年)

3．公平な経済開発	4．グローバル経済への編入
(1) 中小企業開発 　中小企業開発のためのアセアン政策行動計画（APBSD）の推進 　中小企業開発の加速化 　競争力の強化 　回復力の強い中小企業開発 　アセアン中小企業の貢献度向上 (2) アセアン統合イニシャティブ（IAI） 　IAIの促進 　アセアン開発基金 　サブリージョンの開発	(1) 対外経済関係への首尾一貫した対応 　統合プロセスと周辺国とのFTAの整合性 　二国間FTAとのシナジー効果 　国際的協定への共通のアプローチ (2) グローバル・サプライチェイン・ネットワークへの参加促進 　地域の付加価値向上 　生産性向上とR＆Dの強化 　商業化や市場開拓 　ベスト・プラクティスの情報交換

ASEAN Economic Community, 2007より作成。

ャーが重点的に取り上げられている。例えば、運輸インフラストラクチャーでは、昆明〜シンガポール鉄道連結、首都間の航空便の自由化（オープン・スカイ）、国境における輸送の円滑化措置等、情報インフラストラクチャーでは、電気通信機器の相互認証協定、ブロードバンドによる次世代ネットワークの開発等、エネルギー・インフラストラクチャーでは、送電線の域内連結（アセアン・パワー・グリッド）やアセアン横断ガスパイプライン等が考えられている。⑤税制では、主に二重課税防止策を強調している、⑥電子商取引では、電子商取引の法律の域内調整、企業への利用推進、電子署名の相互認証等が挙げられている。

（3）の公平な経済開発では、①中小企業開発と②アセアン統合イニシャティブ（IAI）を戦略目標分野にしている。①中小企業開発はアセアンのどの国にとっても重要であるが、特にCLMV諸国では鍵となる開発分野である。「計画」は、「中小企業開発のためのアセアン政策行動計画 2004-2014」（APBSD）の推進を掲げている。②アセアン統合イニシャティブ（IAI）は、もともと先行加盟国と新規加盟国に存在する所得格差を解消するためにシンガポールのアセアン首脳会談においてシンガポールのイニシャティブの下、2000年に提唱されたプログラムである[11]。シンガポールは特に人材開発に力を入れ、CLMV各国への研修施設の建設、教師への研修、シンガポールへ招いての研修、奨学金制度、若人の交流計画等を挙げた。また、同時に日本、中国、韓国がこのプログラムへの、特にICTに関する技術的、財政的支援を表明した。2002年に「第1次IAIワークプラン 2002-2008」がつくられ、そこでは優先分野として、①インフラストラクチャー、②人材開発、③ICT、④地域経済統合の推進

が選ばれ具体的なプロジェクトがタイムテーブルとともに指定された。さらに、2009年からは新たに「第2次IAIワークプラン 2009-2015」が2015年を目標に始められることになっている[12]。これら諸施策の強力な実行が格差是正に関して求められている。

（4）グローバル経済への編入に関しては、①対外経済関係への一貫した対応と②グローバル・サプライチェイン・ネットワークへの参加を目標に挙げている。①の一番のポイントは、アセアンが周辺国と結んでいる自由貿易協定ないし包括的経済連携協定、さらには2国間の自由貿易協定ないし経済連携協定とアセアン経済共同体の自由化・統合プロセスとの間に矛盾や齟齬がないようにすることである。すなわちスパゲッティ・ボール効果が出ないようにする調整・調和化が必要なことである。②に関しては、外国直接投資の流入が自由になれば黙っていてもアセアンの企業はグローバル・サプライチェイン・ネットワークの一翼を担うことは疑いがない。

最後に「計画」は2年ごとの目標を定めた行程表であると説明したが、それは同計画に付随した「AECのための戦略的スケジュール」に載っている[13]。関税撤廃や投資の自由化等に関しては、かなり詳しい行程表がつくられているが、例えば、中小企業開発の場合、「中小企業開発のためのアセアン政策行動計画 2004-2014」（APBSD）を推進することになっていて、2008〜09年は、アセアンの中小企業家向けの共通のカリキュラムの作成、2010〜11年は、相互の連携を持った包括的中小企業サービスセンターの設立とアセアンのそれぞれの国に中小企業向け金融施設をつくる、2012〜13年は、技術向上のための訓練ができるようにスタッフを交流させる域内インターンシップ・プログラムの設置、2014〜15年は、アセアン内でビジネス

表3 アセアン経済共同体スコアカードによる目標実行度

	ブルネイ	カンボジア	インドネシア	ラオス
1．単一の市場と生産基地				
物品の自由な移動	B	B	B	B
サービスの自由な移動	B	B	B	B
投資の自由な移動	B	B	B	B
資本の自由な移動	A	A	A	A
熟練労働者の自由な移動	A	A	A	A
優先統合分野	A	A	A	A
食料、農業および林業	B	B	B	B
2．競争的経済地域				
競争政策	A	A	A	A
消費者保護	B	B	B	B
知的財産権	B	B	A	B
運輸	B	B	B	B
エネルギー	B	B	B	B
鉱業	A	A	A	A
ICT	A	A	A	A
税制	A	C	A	A
電子商取引	A	A	A	A
3．公平な経済開発				
中小企業開発	B	B	A	B
アセアン統合イニシャティブ (IAI)	B	B	B	B
4．グローバル経済への編入				
対外経済関係	B	B	B	B

注：A は期間内のすべての目標を実行、B は50%以上は実行、C は50%未満を実行。
出所：ASEAN Secretariat, ASEAN Economic Community Scorecard: Charting Progress toward Re-

が行えるように中小企業に資金を提供する地域中小企業開発基金の設立、と設定されている。

1-5　アセアン経済共同体スコアカード

さて AEC 行動計画はできたが、その実行をどう監視するか、す

第1章　東アジア経済圏の出現　23

(第1段階2008〜09年と第2段階2010〜11年の合計)

マレーシア	ミャンマー	フィリピン	シンガポール	タイ	ベトナム	アセアン全体
B	B	B	B	B	B	B
B	B	B	B	B	B	B
B	B	B	B	B	B	B
A	B	A	A	A	A	A
A	A	A	A	A	A	A
A	A	A	A	A	A	A
B	B	B	B	B	B	B
A	A	A	A	A	A	A
B	B	B	B	B	B	B
A	B	A	A	A	A	B
B	B	B	B	B	B	B
B	B	B	B	B	B	B
A	A	A	A	A	A	A
A	A	A	A	A	A	A
A	A	A	A	A	A	C
A	A	A	A	A	A	A
A	B	B	A	A	B	B
B	B	B	B	B	B	B
B	B	B	B	B	B	B

gional Economic Integration, Phase I (2008-2009) and Phase II (2010-2011), 2012.

なわちモニタリングの必要がある。アセアン事務局は、AECスコアカードというシステムを導入した。これは実行計画に従って政策目標がどの程度実施されたかの進捗状況を数値化するもので、具体的にその意図は、(1)「計画」に従って2年ごとに行わねばならない政策目標について、まずは国際的に結んだ協定を議会で採択・批准し、協定内容の約束や義務を国内法、国内規則、官庁手続きに適

用あるいは置き換えたかどうかを質的、量的に評価した指標にする、(2) 協定や約束事の実行を追跡・監視し、AEC戦略的スケジュールで決められた目標に達しているかどうかチェックする、(3) AEC行動計画に関し統計的指標として資する、となっている[14]。

このスコアカードは2008年から始まった。2012年に第1段階 (2008～09年) と第2段階 (2010～11年) の結果が上記のスコアカード報告書にまとめられているのでそれを紹介する。両段階をまとめた2008～11年の成果は、まず、期間内に目標を100％実行、50％以上実行、50％未満実行と分けて国別に表示している (表3参照)。国別にみると、Aの数が10個と一番多かった国は、インドネシア、シンガポール、タイの3カ国であった。また一番少なかったのは7個でカンボジアとミャンマーであった。ただ1カ国、カンボジアが税制に関してCの評価を受けている。アセアン全体では、A評価は、資本の自由な移動 (ただしミャンマーがB評価であるが)、以下各国オールAで熟練労働者の自由な移動、優先統合分野、競争政策、鉱業、ICT、電子商取引の各分野であった。税制がC評価であるがこれはカンボジアのCが効いている。

全体的印象としては、まだ中間段階なのでこんなものかという感じではあるが、なんとなく甘い印象は残る。英語もあいまいで例えば100％目標を実行 (implement) となっていて達成 (achieve) ではない。

この報告書は、AEC行動計画が掲げる4本の柱に関しても成果を発表している。そちらは数値評価なのでわかりやすい。第1段階と第2段階を合わせた2008～11年の実行率は、(1) 単一市場と生産基地は65.9％、(2) 競争的経済地域は67.9％、(3) 公平な経済開発

は66.7％、(4) グローバル経済への編入は85.7％であった。グローバル経済への編入が高い実行率を示した。これは国際協定を批准し国内法に移し替える作業なので各国が最初に取り組まなければならないことを考えると理解できる。

この4本柱を合わせた総合評価は、2008〜11年で結局67.5％（第1段階が86.7％、第2段階が55.8％）であった。この期間の政策目標は277あり、187（67.5％）が実行されたことになる。しかし、遅れが出ているものがあるのは事実で、それらは議会の批准の遅れ、国内法への移し換えの遅れ、特定のイニシャティブ、プログラムの実行上の遅れ等に起因している。

1-6 アセアン経済共同体の先にあるもの

さてアセアンが経済共同体を目指し、またアセアンと周辺国がFTA/EPAを結ぶ「アセアン＋1」もできた。このあと統合の動きはどうなるのであろうか。アセアンに限れば「アセアン＋3」と「アセアン＋6」の統合案がある。アセアン＋3は1997年にタイから始まったアジア通貨危機に対処するためにアセアンが日本、中国、韓国を招待してアセアン＋3カ国の首脳会談を行ったことから始まる。このときは金融面の支援、例えば「チェンマイ合意」等が誕生するのであるが、2002年のアセアン＋3首脳会談でアセアン＋3自由貿易地域（「東アジア自由貿易地域」EAFTAと呼ぶ）案が初めて出され、アセアン＋3経済大臣会合において検討することになった。EAFTAのアイディアは、もともと韓国の金大中大統領の呼びかけでできた「東アジア・ビジョン・グループ」が2001年に提唱し

たものであった[15]。2004年のアセアン＋3経済大臣会合において中国よりEAFTA共同専門家グループの設置が提案され、同年のアセアン＋3首脳会談で合意された。これに関連してこの首脳会談では「東アジア共同体」という言葉が初めて出てくるが、これは狭義には、アセアンと日本、中国、韓国3カ国の地域を含めたものを指すと思われる。上記共同専門家グループの研究は、中国社会科学院アジア太平洋研究所長を議長として2005年から2009年まで続き、最終研究結果が首脳たちに報告された。

　一方、アセアン＋6（日本、中国、韓国、インド、オーストラリア、ニュージーランド）計16カ国の統合結成に関しては、日本が提案した。後述するが、2006年のアセアン＋3経済大臣会合ならびに東アジア経済大臣会合昼食会において日本からアセアン＋6の経済連携協定を結ぶ「東アジアEPA」（英語ではComprehensive Economic Partnership in East Asia：CEPEAと略称）の民間専門家研究と「東アジア・アセアン経済研究センター」（ERIA、後述）の設立構想を提案した。これは2007年の第2回東アジア首脳会談およびアセアン＋3首脳会談で同意された。2007年からCEPEAの民間専門家研究は開始され、2009年には経済閣僚と首脳たちに最終研究結果が提出された。アセアン＋3のEAFTAの研究結果と合わせてその内容について政府間の議論が同年10月以降始められた。そして四つの作業部会（原産地規則、税関手続き、関税品目表、経済協力）が設置され2011年に報告書が出された。また、2011年11月のアセアン＋3首脳会談ならびに東アジア首脳会談において日本と中国の共同提案で物品貿易、サービス貿易、投資の作業部会を置くことが合意された。

こうした動きの中、「アセアン側から、これまでのEAFTA、CEPEAの取り組みを踏まえ、これらを踏まえた概念として東アジア地域包括的経済連携の枠組み（RCEP：Regional Comprehensive Economic Partnership の略、アールセップと呼ばれる）が提案されており、2012年4月のASEAN首脳会議において、年末までのRCEPの交渉開始を目指す旨の議長声明が発出された。これを受けて、同月、ASEAN経済大臣が訪日した際の非公式会合（ASEANロードショー）では、日本とASEANの経済大臣の間で、年末までの交渉開始に向け取り組んでいくこととした」[16]。つまりアセアンがイニシャティブをとって「アセアン・プラス・プラス」の話を2012年以降も引き続き進めていくことになった。

すでに見てきたようにアセアンをハブとして周辺6カ国がFTA/EPAを結んだ巨大経済圏ができた以上、将来的な東アジア統合ないし東アジア共同体は当然アセアン＋6であるべきと思われる。ただし、東アジア首脳会談に2011年から米国とロシアがメンバーになったので、主導権争いが複雑になることが予想される。

なお、統合については別に、アジア太平洋経済協力（APEC）による「アジア・太平洋自由貿易地域」（FTAAP）の試み、およびシンガポール、米国を中心とする「環太平洋パートナーシップ」（TPP）も同時進行している。2011年頃から経済力、軍事力における中国の台頭が著しく、また領土を巡る争いが先鋭化した結果、TPPを中心とした米国に対して、アジアの覇権（これにはRCEPも含まれる）を狙う中国という静かな2大国対立構造が生まれつつある。

注

1) 実際には、センシティブ品目、高度センシティブ品目に関して、先行国は2010年までに 0〜5％にする。また、新規加盟国に関しては、これら例外品目について最大2018年までの猶予を与えている。
2) 2009年のアセアン首脳会談で「アセアン包括的投資協定」(ACIA) が署名され、投資の自由化がさらに促進されることになった。
3) Yasushi Ueki, "Intermediate Goods Trade in East Asia", M. Kagami (ed.), *Intermediate Goods Trade in East Asia: Economic Deepening through FTAs/EPAs*, BRC Research Report No. 5, Bangkok Research Center, IDE-JETRO, January 2011.
4) ベトナム人と話をすると、同国がいつも CLMV 諸国に一括して入れられるのが不満のようで、「われわれは VIP カントリーだ」と主張する。その意味は、ベトナム、インドネシア、フィリピンと今や同じ工業国なのだと言いたいらしい。もちろん重要人物 (Very Important Person) にもかけているジョークである。
5) なおアセアン事務局の統計 ASEAN stats では、2009年における商品輸出額の対 GDP 比は、25.4％となっている。http://www.aseansec.org/stat/Table2.pdf 参照。
6) 詳しくは Mitsuhiro Kagami, "Recent Trend in Asian Integration and Japanese Participation", M. Kagami, op. cit. を参照。
7) http://www.asean.org/news/item/declaration-of-asean-concord-ii-bali-concord-ii を参照。
8) http://www.aseansec.org/19280htm を参照。
9) ASEAN Secretariat, "Chairman's Statement of the 13th ASEAN Summit", Singapore, November 20, 2007. また「行動計画」は http://www.asean.org/archive/5187-10.pdf を参照。
10) ASEAN Secretariat, "ASEAN Framework Agreement for the Integration of Priority Sectors", Vientiane, November 29, 2004.
11) The Fourth ASEAN Informal Summit 22-25 November 2000, Singapore (http://www.asean.org/news/item/the-fourth-asean-informal-

summit-22-25-november-2000-singapore).
12) 第1次IAIワークプランについてはhttp://www.asean.org/news/item/iai-work-plan-i-2002-2008、第2次IAIワークプランについてはhttp://www.asean.org/images/2012/Economic/AIA/IAI%20Work%20Plan%202%20(2009-2015).pdfを参照。
13) ASEAN Secretariat, "Strategic Schedule for ASEAN Economic Community", Singapore, November 20, 2007.
14) ASEAN Secretariat, ASEAN Economic Community Scorecard, March 2012.
15) Masahiro Kawai and Ganeshan Wignaraja, ASEAN+3 or ASEAN+6: Which Way Forward?, ADB Institute Discussion Paper No. 77, ADB Institute, September 2007, p. 7.
16) 経済産業省『通商白書2012年版』2012年、395頁。

第2章　CLMV諸国公務員研修の経緯

物売りの少女たち（ポパ山にて）

ミャンマーの政策担当官ないし公務員たちに筆者が研修を行う機会を得た経緯はその裏に結構長い話がある。実は公務員研修はミャンマーだけではない。アセアン新規加盟国といわれるカンボジア、ラオス、ミャンマー、ベトナムに対して講師を派遣しセミナーを開催したり、国家公務員をバンコクに招待して1週間のワークショップを開いたりする人材養成事業（2007～12年）に筆者が関わったからである。それには日本政府が主導的に貢献した新たな国際機関の誕生があった。

2-1　東アジア・アセアン経済研究センター（ERIA）の設立

21世紀に入り日本は岐路に立っていた。長い不況の先は見えず、中国やインドの経済が台頭し、韓国からは追い上げられ、東南アジア諸国はアセアンを中心としてまず地域内の自由貿易体制（AFTA）を確立したのち、貿易・投資のアジアのハブとなるための道を目指してまっしぐらに走っていた。漂流する日本は立ち位置をしっかりと定め、どこを目指すのか。いったい日本の長期的経済ビジョンはあるのか？　アジアの経済を日本はリードしていたつもりが、実はアジア経済に依存しない日本はもはやありえないのではないか？こうした問題意識の下で、自民党政権下、経済産業省は2005年頃から経済戦略づくりに動き出していた。

そのビジョンが「グローバル経済戦略」[1]として発表されたのが2006年4月であった。この戦略の問題意識は次の3点である。第一に、「グローバル化の流れをどのように長期的な成長基盤に結びつ

けるか」、第二に、「東アジア経済統合という国境を越えた経済圏の構築に日本はどう参画し、長期的に我が国にとって望ましい（かつ国際的に共感される）国際秩序形成をどう構想すべきか」、第三に、「我が国が21世紀の国際社会、アジアにおいて重要な国であるために何をなさねばならないのか」。そしてこれに応えるために三つの課題・視点ないし推薦策を示した。それらは、(1) アジアとの共創（アジアとの共創サイクルの構築）、(2) ソフト・パワーを活かす、(3) グローバルな価値への貢献、である。アジアとの共創のなかで、東アジア経済統合をより力強く推進していくために、「東アジア経済連携協定（EPA）」構想と「東アジア版OECD（経済協力開発機構）」構想が提案された。日本がここでいう東アジア経済連携協定に含まれる国は16カ国でアセアン・メンバー国10カ国（フィリピン、インドネシア、ブルネイ、シンガポール、マレーシア、タイ、カンボジア、ラオス、ミャンマー、ベトナム）に日本、中国、韓国、インド、オーストラリア、ニュージーランドの6カ国である。これら諸国は2005年12月に第1回が開催された東アジア首脳会談（サミット）のメンバーであった。

　一方、東アジアにまたがる自由貿易地域をつくるためには事務局機能が必要である。第二次大戦後ヨーロッパ再興のためにマーシャル・プランの受け入れ整備のためにOECDがつくられたような体制が不可欠で、その第一歩として研究所の設立が検討された。アセアン事務局と連携しながら16カ国地域の共通課題を研究し、その成果を首脳および閣僚に対し政策提言するシンクタンク機能を有する機関である。

　2006年8月の日・アセアン経済大臣会合等において「東アジア版

OECD」構想は初めて日本から提案された。その後、東アジア各国の首脳級および閣僚級の会合で議論され、2007年1月の第2回東アジアサミットに東アジア包括的経済連携（CEPEA）に関する民間研究の開始、と「東アジア・アセアン経済研究センター」(ERIA：Economic Research Institute for ASEAN and East Asia、以下ERIAという）の設立が日本から提案され、同年11月の第3回東アジアサミットにおいて正式に承認された。

ERIAに関しては正式承認後、場所をどこに置くかで議論があり、インドネシア、マレーシア、タイが候補地として手を挙げたが、最終的にアセアン事務局のあるジャカルタに（暫定的に）設置されることになった。またERIAの行う仕事であるが、政策研究を行い首脳や閣僚への提言機能と、もう一つ重要な仕事は人材養成機能である。特にアセアン内に発展が遅れているCLMV諸国への人材養成要求が強く、それに応えることになった。

ERIAは2008年6月にジャカルタのアセアン事務局内に正式に設立された。実際の研究所スペースは別のビルに置かれたが、事務総長は経済産業省出身の西村英俊氏、チーフエコノミストは慶応大学の木村福成氏、また理事会メンバーはアセアン事務局長のスリン・ピッスワン氏のほか東アジア首脳会談メンバー国の16カ国から選ばれ、日本からは奥田碩氏（トヨタ自動車相談役）が、理事会議長にはベトナムのディン・バン・アン氏（ベトナム経済経営中央研究所長、当時）が選ばれた。なお2008年12月にはインドネシア政府からERIAに対して国際機関ステイタスが与えられた[2]。

2-2 アジア経済研究所・バンコク研究センターの役割

ところで ERIA は設立されたわけであるが、その前に何の下準備もなくつくられたわけではない。経済産業省所管の独立行政法人日本貿易振興機構・アジア経済研究所(以下アジア経済研究所と呼ぶ)が協力した。2006年度に経済産業省はアジア経済研究所に対して委託研究を依頼した。それは「東アジア経済統合に関する調査研究事業」と呼ばれ、新たな国際的研究機関をつくるためにまず16カ国にある既存の研究所と連絡をとって緊密なネットワークを構成し、新研究機関の役割、特にその研究課題を議論してもらうことであった。アジア経済研究所は1958年に設立された発展途上国を研究する機関であり、歴史も長くアジア諸国に強いコネクションを有している。アジア経済研究所は早速(日本を除く)他の15カ国の研究所を選定し、ジャカルタ2回、北京1回、マニラ1回の計4回の16研究機関会合を持ち協議を重ねた。それら16研究機関は次のとおり。

①**オーストラリア** オーストラリア国立大学クロフォード校
 (Crawford School of Economics and Government, The Australian National University:ANU)
②**ブルネイ** ブルネイダルサラーム政策戦略研究所
 (Brunei Darussalam Institute of Policy and Strategic Studies:BDIPSS)
③**カンボジア** カンボジア協力平和研究所
 (Cambodian Institute for Cooperation and Peace:CICP)

④中国　中国社会科学院アジア太平洋研究所

(Institute of Asia-Pacific Studies, Chinese Academy of Social Science：CASS)

⑤インド　発展途上国研究情報システムセンター

(Research and Information System for Developing countries：RIS)

⑥インドネシア　インドネシア戦略国際問題研究所

(Centre for Strategic and International Studies：CSIS)

⑦日本　アジア経済研究所

(Institute of Developing Economies：IDE-JETRO)

⑧韓国　韓国対外経済政策研究院

(Korea Institute for International Economic Policy：KIEP)

⑨ラオス　ラオス国立経済研究所

(National Economic Research Institute：NERI)

⑩マレーシア　マレーシア経済研究所

(Malaysian Institute of Economic Research：MIER)

⑪ミャンマー　ヤンゴン経済大学

(Yangon Institute of Economics：YIE)

⑫ニュージーランド　ニュージーランド経済研究所

(New Zealand Institute of Economic Research：NZIER)

⑬フィリピン　フィリピン開発研究所

(Philippine Institute for Development Studies：PIDS)

⑭シンガポール　シンガポール国際問題研究所

(Singapore Institute of International Affairs：SIIA)

⑮タイ　タイ開発研究所

(Thailand Development Research Institute：TDRI)
⑯ベトナム　ベトナム経済経営中央研究所
(Central Institute for Economic Management：CIEM)

　そして2007年度から ERIA の設立前の実績づくりとして研究を開始することになった。2007年4月にバンコクにあったアジア経済研究所の海外連絡所を改組して「バンコク研究センター」が設立され、これをベースキャンプとして ERIA 設立のための諸活動が始まった。筆者は同年5月にクアラルンプールで行われた16研究機関会合から参加し、7月にバンコク研究センター所長としてバンコクに赴任した。同センターには経済産業省から出向者が来て ERIA 設立のための準備、各国との折衝を行った（春日原大樹氏。同氏はのちに ERIA の初代総務部長に就任）。また千葉県海浜幕張にあるアジア経済研究所には ERIA 設立支援室が新設された。

　バンコク研究センターの仕事を要約すると①ERIA 設立準備作業、②16研究機関と協力して ERIA 関連研究をテストランとして実施およびその管理、③ERIA が行うであろう人材養成事業の雛型の実施、特にセミナーを開催する巡回型研修の立ち上げ、④広報活動としてのシンポジウム・セミナーへの協力、⑤センター独自の研究活動等であった。2007年度の ERIA 関連研究は、16研究機関の協力を得て「経済統合の深化」、「発展格差の是正」、「持続的成長」の三つのコンセプトのもとに経済問題6課題ならびにエネルギー関連3課題、計9本の研究会が実施された[3]。

　さて、2007年度の人材養成事業はかなり大がかりに行われた。政策担当官、学者・研究者、民間から強い要望があったからである。

特に CLMV 諸国ではこれら専門家の層が薄いので非常に要請が強かった。日本にとってもこれらの要望に応えることが正にアジアとの共創に必要なことであり、本腰を入れて取り組むことになった。アジア経済研究所と16研究機関の一つインドの発展途上国研究情報システムセンター（RIS）が分担して行った。なぜならばアジア経済研究所は1990年から（当初は日本人対象）始めたアジア経済研究所開発スクール（IDEAS）を持ち、また RIS も研修コースを有していたからである。アジア経済研究所が行った研修は、①6カ月コース研修、これはもともと1991年から始まった発展途上国研修生を6カ月研修する開発スクールのプログラムで、ここに ERIA 枠として CLMV 各国から2名招待（参加者8名）、②2週間コース研修、これは CLMV 各国から局長級の上級政策担当官を呼んで行う研修（15名）、③CLMV 巡回型研修、これは CLMV 各国に講師を派遣して1日セミナーを開催（512名）、④研究プロジェクト参加型研修（Research Associate 制度、アジア経済研究所の研究プロジェクトに CLMV 各国から呼んだ若手公務員を実際に参加させるプログラム）（5名）であり、RIS が行った研修は、⑤1カ月コース研修（8名）であった。

なお16研究機関のことであるが、2008年6月の ERIA 発足後、2009年2月にバンコク研究センターで行われた16研究機関会合において ERIA と16研究機関の間に了解覚書（MOU）が結ばれ、ERIA の活動全般に対する諮問を行う役割が与えられた。また、バンコク研究センターがその幹事役を担うことになった。会合名称も「地域研究機関ネットワーク会合（RINM）」となり年2回開催することになった。

2-3　講師派遣型研修の開始

　前述したCLMV巡回型研修をバンコク研究センターが受け持つことになった。バンコクの地の利を活かしてCLMV諸国にすぐ行けるからである。この研修はCLMV各国に講師を派遣して1日セミナーを行うものである。2007年度は、ハノイ2回、プノンペン2回、ビエンチャン2回、ネーピードー1回を行った。当初11月にCLMV各国で行う予定であったが、ミャンマーの政情不安から僧侶のストや日本のジャーナリストが殺害される事件が起き、そのため11月はミャンマーを除いて3カ国で実施した。しかし、ミャンマーの希望も強く、再度2008年2月に4カ国で行うことになり、初めてネーピードーセミナーが実現した。

　なお2008年度から1日セミナーに加えて、バンコクに研修生を招待して1週間のワークショップ（集中講義）を行う研修も始めた。1日セミナーはそれとして意味はあるがもう少しじっくりと話を聞きたいという要望に応えるものであった。バンコク研究センターが2007～11年度に行ったセミナー・ワークショップの一覧をまとめると表4のとおりである（表4参照）。筆者はバンコク研究センター所長としてこれらほとんどの研修の計画立案、予備交渉、実施に関わった。この間に現地1日セミナー21回、バンコク・ワークショップ4回開催、講師の延べ人数は103人、研修生総数は1,892人に上った。

　本書ではこの中からミャンマーに対するセミナーとワークショップを取り上げミャンマーの現状・将来を論じるつもりである。なぜ

表4 バンコク研究センター担当 ERIA セミナー・ワークショップ (2007〜11年度) 一覧

年度	月日	国・場所	講師・演題	参加者(人)
2007年度			総合タイトル:「経済発展と統合—CLMV 諸国への合意」	
	11月12日	ベトナム ハノイ	1. 西澤信善(近畿大学経済学部教授):アジアにおける経済開発—CLMVへの合意 2. Dararat Anantanasuwong(タイ開発行政大学院(NIDA)開発経済学部副学部長):アジアにおける SME の開発—タイ SME の CLMV への合意 3. YEO Lay Hwee(シンガポール国際問題研究所(SIIA.)上級研究員):公的部門のサバナシスー CLMV への合意 4. Hank Lim(シンガポール国際問題研究所(SIIA)研究所長):東アジアにおける地域経済統合の新展開—CLMV の貿易投資への合意	79
	11月14日	カンボジア プノンペン	同 上	69
	11月16日	ラオス ビエンチャン	同 上	63
2008年	2月11日	ラオス ビエンチャン	1. 加賀美充洋(バンコク研究センター所長):成長か貧困削減か 2. 高坂章(大阪大学大学院国際公共政策研究科教授):経済開発と金融—CLMV諸国への合意 3. Rattanatay Luanglatbandith(アジア開発銀行〈ADB〉バンコク事務所地域研究エコノミスト):GMS 諸国における運輸と貿易の促進	73
	2月13日	カンボジア プノンペン	同 上	95
	2月15日	ベトナム ハノイ	1. 高坂章(大阪大学大学院国際公共政策研究科教授):経済開発と金融—CLMV諸国への合意 2. Sompop Manarungsan(チュラロンコーン大学東アジア研究所中国センター所長):FTA 枠組みにおける貿易と投資の促進—CLMV 諸国への合意	77
	2月18日	ミャンマー ネーピードー	1. 加賀美充洋(バンコク研究センター所長):成長か貧困削減か 2. Porametee Vimolsiri(タイ経済社会開発庁(NESDB)上級アドバイザー):GMS諸国における地域協力—ACMECS とタイ 3. Sompop Manarungsan(チュラロンコーン大学東アジア研究所中国センター所長):	56

第 2 章 CLMV 諸国公務員研修の経緯　41

FTA 枠組みにおける貿易と投資の促進―CLMV 諸国への含意

(512人)

		総合タイトル:「経済統合の CLMV 諸国への影響」	
2008年度	2009年 1月28日	カンボジア プノンペン	1. 山澤逸平(前国際大学学長):東アジア統合から CLM 経済はいかに利益を得るか? 2. 加賀美充洋(バンコク研究センター所長):競争力をどうやって改善するか―産業集積と ICT の利用 3. Ricardo Chica(ポリバー技術大学アジア研究センター所長):一次産品輸出と産業戦略―ラテンアメリカの傾向とアジアへの考察 4. Richard Lynn Ground(カンナス大学東アジア研究員):開発の政治経済学―経済開発と民間部門	150
	1月30日	ラオス ビエンチャン	同　上	83
	2月3〜4日	タイ,バンコク CLMV ワークショップ	1. 木村福成(東アジア・アセアン経済研究センター〈ERIA〉チーフ・エコノミスト):ERIA の現状と展望 2. 山澤逸平(前国際大学学長):世界経済危機における東アジア共同体形成 3. 井戸清人(日本銀行理事):日本と世界におけるマクロ経済と金融政策―国際金融危機への対応策 4. Hal Hill(オーストラリア国立大学教授):ASEAN の成長ダイナミクス―CLMV 諸国間および国内の相違 5. 細野昭雄(政策研究大学院大学教授):日本の貿易に対する開発イニシャティブ―特に開発回廊計画との関連で	CLMV 諸国から政府関係者27名招待
	内 2月4日		スタディ・ツアー(レームチャバン港湾局,自動車部品工場等)	
	2月13日	ミャンマー ネービードー	1. 木村福成(東アジア・アセアン経済研究センター〈ERIA〉チーフ・エコノミスト):ERIA の現状と展望 2. Kan Zaw(ヤンゴン経済大学学長):世界情勢と CLMV 経済 3. 山澤逸平(前国際大学学長):東アジア統合から CLM 経済はいかに利益を得るか? 4. Hank Lim(シンガポール国際問題研究所〈SIIA〉研究部長):中小企業開発戦略―CLMV への影響	60

42

			総合タイトル：「グローバル経済不況とCLMV諸国」	(320人)
2009年度	9月2日	ミャンマー・マンダレー	1. Kan Zaw（ヤンゴン経済大学学長）：世界経済不況とCLMV経済 2. 高坂章（大阪大学大学院国際公共政策研究科教授）：世界金融危機と金融統合下の東アジア 3. Hank Lim（シンガポール国際問題研究所〈SIIA〉研究部長）：世界経済危機とCLMV中小企業への影響 4. 石田正美（バンコク研究センターシニア研究員）：CLV諸国の開発 5. 髙橋昭雄（東京大学東洋文化研究所教授）：世界経済不況と農業 5. 加賀美充洋（バンコク研究センター所長）：競争力をどうやって改善するか―産業集積とICTの利用 6. 髙橋昭雄（東京大学東洋文化研究所教授）：東南アジアにおける農業・村落経済の変容	93 （ネーピードーより26名の政府関係者招待）
	11月9～13日	タイ・バンコク ミャンマーワークショップ	1. Teerana Bhongmakapat（チュラロンコン大学経済学部長，貿易・経済統合コース担当 2. 加賀美充洋（バンコク研究センター所長）日本の経済発展コース担当 3. 大矢一夫（公正取引委員会事務局官房人事課長補佐）日本の競争政策コース担当 4. 辻正次（兵庫県立大学応用情報大学院教授）情報・通信コース担当 5. Hank Lim（シンガポール国際問題研究所〈SIIA〉調査部長）中小企業論コース担当 6. 髙橋昭雄（東京大学東洋文化研究所教授）農業開発コース担当 スタディ・ツアー（タイ投資委員会〈BOI〉，民間企業BETAGRO研究部門等）	ミャンマー政府から23名招待
	内11月12日 11月30日	ラオス ビエンチャン	1. Ricardo Varsano（国際通貨基金〈IMF〉財政局シニアエコノミスト）：経済不況と効果的な金融・財政政策 2. Lim Tai Wei（シンガポール国際問題研究所〈SIIA〉嘱託研究員）：経済不況と経済総合 3. 加賀美充洋（バンコク研究センター所長）：経済不況とODAならびに公共投資の利用 4. Soukniilanh Keola（アジア経済研究所〈IDE-JETRO〉研究員）：経済不況とラオス	73

第 2 章　CLMV 諸国公務員研修の経緯　43

12月2日	カンボジア プノンペン	1. Ricardo Varsano（国際通貨基金〈IMF〉財政局シニアエコノミスト）：経済不況と効果的な金融・財政政策 2. Lim Tai Wei（シンガポール国際問題研究所〈SIIA〉嘱託研究員）：経済不況と経済統合 3. 加賀美充洋（バンコク研究センター所長）：経済不況と ODA ならびに公共投資の利用 4. Chap Sotharith（Men Sam An 副首相補佐官）：経済不況とカンボジア	146
12月4日	ベトナム ホーチミン	1. 髙坂章（大阪大学大学院国際公共政策研究科教授）：経済不況と効果的な金融・財政政策 2. Hyun-Hoon Lee（APEC 事務局政策サポート・ユニット シニア分析官）：経済不況と経済統合 3. 細野昭雄（政策研究大学院大学教授）：経済不況と ODA ならびに公共投資の利用 4. 白石昌也（早稲田大学大学院アジア太平洋研究科教授）：経済不況後のベトナム 5. Vo Tri Thanh（経済経営中央研究所副所長）：ベトナムからの見解	91 （ハノイより22名の政府関係者招待）
			(426人)

2010年度

9月14日	ミャンマー ネーピードー	総合タイトル：「CLMV 各国経済の展望」 1. Hank Lim（ERIA 学術評議会議長）：経済統合と ASEAN 経済共同体 2. 小島英太郎（JETRO ヤンゴン事務所長）：ヤンゴンからバンコク港への陸送実験繊維輸送の事例 3. 髙橋昭雄（東京大学東洋文化研究所教授）：ミャンマーの村落経済 4. Kan Zaw（ヤンゴン経済大学大学長）：新時代におけるミャンマー経済の展望	81
10月1日	ベトナム ハノイ	1. Jayant Menon（アジア開発銀行〈ADB〉地域経済統合部プリンシパル・エコノミスト）：ASEAN と ASEAN 経済共同体 2. Ali Abbas（国際通貨基金〈IMF〉財政局エコノミスト）：危機における金融政策 3. 白石昌也（早稲田大学大学院アジア太平洋研究科教授）：統合とベトナム経済――次の段階は？ 4. Le Quang Lan（商工省国開貿易政策局政策副局長）：ベトナムと ASEAN 経済	78
10月4日	カンボジア シェムリアップ	1. Jayant Menon（アジア開発銀行〈ADB〉地域経済統合部プリンシパル・エコノミスト）：ASEAN と ASEAN 経済共同体 2. Ali Abbas（国際通貨基金〈IMF〉財政局エコノミスト）：危機における金融政策	54

日付	場所	内容	人数
11月1～5日	タイ・バンコク、ラオス・ワークショップ	3. 白石昌也（早稲田大学大学院アジア太平洋研究科教授）：GMSの南部回廊とカンボジア経済の発展 4. Chap Sotharith (Men Sam An 副首相補佐官)：カンボジア経済の展望	（プノンペンより26名の政府関係者招待）
内11月4日		1. Teerana Bhongmakapat (チュラロンコン大学経済学部長) 貿易・経済統合コース担当 2. 加賀美充洋（バンコク研究センター所長）日本の経済発展コース担当 3. Ricardo Chica（ボリバー技術大学アジア研究センター所長）アジアと中南米の経済発展比較コース担当 4. Hank Lim（ERIA 学術評議会議長）中小企業論コース担当 5. 小島道一（アジア経済研究所〈IDE-JETRO〉環境・資源研究グループ長）開発と環境コース担当 スタディ・ツアー（クロントイ港税関、矢崎総業チャチュンサオ工場等）	ラオス政府から22名招待
2011年度			(235人)
		総合タイトル：「アセアン経済共同体（AEC）後の展望と問題点」	
9月23日	ミャンマー・ネービードー	1. Jayant Menon（アジア開発銀行〈ADB〉地域経済統合部プリンシパル・エコノミスト）：経済統合問題とその展望―貿易円滑化、投資およびサービス 2. Ponciano S. Intal, Jr. (ERIA シニア・エコノミスト)：ASEAN 経済共同体スコアカードへのアプローチ―ASEAN 諸国の統合過程進捗状況 3. 久保公二（アジア経済研究所〈IDE-JETRO〉研究員）：アジア諸国における金融部門の発展 4. Cho Cho Thein（ミャンマー中央銀行課長補佐）：ミャンマーの金融部門展望 5. Aye Aye Win（第二工業省課長補佐）：ミャンマーにおける中小企業開発の現状と展望 6. San Thein (Shwezin Nan Taw アグロインダストリー)：アグロインダストリーの事例 7. 加賀美充洋（帝京大学経済学部教授）：戦後日本の経済発展と中小企業政策	147
10月7日	ラオス・ビエンチャン	1. Jayant Menon（アジア開発銀行〈ADB〉地域経済統合部プリンシパル・エコノミスト）：経済統合問題とその展望―貿易円滑化、投資およびサービス 2. 三重野文晴（神戸大学国際協力研究科教授）：発展途上国の金融制度―特にラオスに関連して	110

第2章 CLMV諸国公務員研修の経緯

10月10日	カンボジア プノンペン	3. Souknilanh Keola（アジア経済研究所〈IDE-JETRO〉研究員）：ラオスにおける経済統合と中小企業開発 4. Syviengxay Oraboune（国立経済研究所〈NERI〉副所長）：ラオスの有望産業について	
11月21〜25日	タイ・プーケット ベトナムホーチミン ブンタウ	1. Jayant Menon（アジア開発銀行〈ADB〉地域経済統合部プリンシパル・エコノミスト）：経済統合問題とその展望―貿易円滑化、投資および　サービス 2. 三重野文晴（神戸大学国際協力研究科大学院教授）：発展途上国の金融制度―特にカンボジアに関連して 3. 初鹿野直美（アジア経済研究所〈IDE-JETRO〉研究員）：カンボジアの中小企業開発と産業政策 4. Chap Sotharith（Men Sam An 副首相補佐官）：カンボジアの有望産業	120
		1. Hank Lim（ERIA 学術評議会議長）経済統合コース担当 2. 渡辺慎一（国際大学副学長、国際大学大学院国際経営学研究科長）マクロ経済の安定性コース担当 3. 加賀美充洋（帝京大学経済学部教授（アジア経済研究所〈IDE-JETRO〉研究員）東アジアの開発経験（特に日本）コース担当 4. 藤田麻衣（アジア経済研究所〈IDE-JETRO〉研究員）グローバルバリューチェインと産業の高度化コース担当 5. 小川啓一（神戸大学大学院教授）人的資源開発コース担当	ベトナム政府から22名招待
内11月24日		スタディ・ツアー（カシューナッツ工場、蘭農園等）	（2011年度399人） （全合計1,892人）

ミャンマーかというと、今まで軍政下で情報が非常に限られていたこと、2011年から新政権になりミャンマーがどこに向かうのか各界、特に経済界の関心が高いこと、公務員研修の経験からミャンマーは軍政後期の段階ですでに公務員たちは自由化、市場経済化、グローバル化に向けて本格的に準備していた点を読者にお知らせしたいからである。

注
1) 経済産業省「グローバル経済戦略」2006年4月。
2) ERIA のホームページは http://www.eria.org を参照。
3) これらの研究会の要約および政策提言は、Mitsuhiro Kagami, "Policy Recommendations of the ERIA Study Project (FY 2007)", BRC Discussion Paper Series No. 1, Bangkok Research Center, IDE-JETRO, March 2008 を参照。

第3章 ミャンマー経済の概要
——ミャンマー側データから——

インワの仲良し少女たち

公務員研修を通してミャンマー側から種々のデータを入手したが、2009年11月にバンコクにて行ったミャンマー・ワークショップに参加したミャンマー公務員たちが、授業の内容に応じて貿易・投資グループ、日本の発展経験グループ、ICT グループ、中小企業グループ、農業グループに分かれてミャンマーの事例を報告した。このあたりからミャンマー側の資料が出てくるようになり、さらに軍政後の新しい政権下2011年9月にネーピードーにおいて行われたセミナーではミャンマー側講師たちから詳細な資料が紹介された。それはミャンマーの経済開放が急速に行われていることを示すものであった。公務員たちは軍政下の2007～08年あたりからすでに開放経済に向けて準備をしていたことになり、ミャンマー経済の自由化、他の先進途上国、例えば隣国タイへのキャッチアップ過程はもはや後戻りすることはないと断言できる。

　ここでは統計として若干古くなってしまったが、彼らの息吹を感じる資料として上記ミャンマー・ワークショップの各グループの報告資料、またネーピードーセミナーにおける特に、① Daw Aye Aye Win, "Issues and its Prospect of SME Development in Myanmar"、② Daw Thet Thet Hla, "Issues and its Prospect of Financial Sector in Myanmar"、ならびに③ U San Thein, "Potential Industry in Myanmar: A Case of Agro-based Industry" の発表を参考にしてミャンマー経済を紹介する。なお、最近の例等については随時ジェトロ、アジア開発銀行（ADB）や国際通貨基金（IMF）等のデータで補足することにした。

3-1　概要

　ミャンマーは歴史の古い国である。紀元前1万年以上前に雲南からエーヤーワディ渓谷に定住した人々がいたようだ。有名なのはバガン王朝で1044～1287年と約250年の栄華を誇った。この王朝は、雲南地方を滅ぼしたモンゴル軍によって1277年に侵略され、1287年に滅びてしまう。英国は当時のビルマと3回戦い（1824、1852、1885年）、1886年にビルマを英領インドに併合してしまう。ビルマはインドの一つの州になってしまった。1937年にインドから独立して英連邦内の自治領になった。太平洋戦争が1941年に始まる。ビルマ独立義勇軍（ビルマ国軍の前身）は1941年12月にタイで産声を上げる（建軍は正式には1942年）。このとき日本の支援があったといわれる。日本が敗れたインパール作戦は1944年1月に発令され、7月に作戦中止命令が出た。その後の退却の悲劇はよく知られているとおりである。ビルマ連邦は、1948年に独立した（ただ、日本占領下で1943～45年にバーモウ政権によるビルマ国ができる）。ネーウィン将軍によるクーデターが1962年に起き、（ビルマ式）社会主義的政策に傾斜するが、さらに1988年の新たな軍政から2011年3月まで実質的に独裁的な軍政が続いた。

　ミャンマーの国土面積は、6,766万ヘクタールでこれは隣国タイの5,131万ヘクタールよりも大きく、メコン川流域諸国では中国を除き一番大きい。人口は6,240万人（2011年度）でタイの6,410万人よりは少ないが将来の大きなマーケットを暗示している。国土を南北に巨大なエーヤーワディ川（旧イラワジ川、2,170km）とタンル

ィン川(旧サルウィン川、1,274km)が流れ、西北にはチンドィン川(960km)がありミンヂャンあたりでエーヤーワディ川に合流している。国境は5カ国に接し、西からバングラデシュ、インド、中国、ラオス、タイである。大国の中国とインドに接している地政学的意味は大きい。モンスーン地帯に位置し、5月から10月までが雨季、11月から4月が乾季で雨季の南部における雨量は多く稲作に適している。

基本的にミャンマー経済は農産品(米、豆類)、林業(チーク材等)、鉱業(翡翠等の宝石類)の一次産品輸出国であり、また最近ではベンガル湾における石油・天然ガスの採掘により従来の水力発電に加えてエネルギー供給国として劇的な変容を遂げようとしている。

3-2　GDP成長率

ミャンマーでは経済計画がつくられその期間中の平均成長率が設定される。1992年度(会計年度は日本と同じ4月1日始まり。この場合92年4月1日から93年3月末までを指す)から95年度までの4カ年短期計画では年平均GDP成長率を5.1%と設定、実績は7.5%であった。次の96年度から2000年度の5カ年計画では、目標6%を凌ぐ8.4%を記録した(表5参照)。さらに2001年度から2005年度の第3次5カ年計画では、年平均目標成長率を11.3%に設定、実際に12.8%の高い成長を達成した。2006年度から2010年度の5カ年計画の計画値は12%を目標にしている。2006年度(13.1%)と2007年度(11.9%)は目標を達成した。その後については、アジア開発銀行の統計によると2010年度まで10%台にとどまっている。いずれにし

表5 ミャンマー：実質 GDP 成長率

(単位：％)

会計年度[c]	計画目標値	実績値	参考：ADB 推計値
1996/97	6.1	6.4	6.4
1997/98	6.4	5.7	5.7
1998/99	6.2	5.8	5.8
1999/00	6.6	10.9	10.9
2000/01	6.6	13.7	13.7
2001/02	11.3[a]	11.3	11.3
2002/03	12.5[a]	12.0[b]	12.0
2003/04	11.3[a]	13.8[b]	13.8
2004/05	11.3[a]	13.6[b]	13.6
2005/06	12.5[a]	13.6[b]	13.6
2006/07	—	13.1[b]	13.1
2007/08	—	11.9[b]	12.0
2008/09			10.3
2009/10			10.6
2010/11			10.4

注：a) 第3次5カ年計画値。
　　b) 2000/01年固定価格による。
　　c) ミャンマーの会計年度は日本と同じ4月に始まり3月末に終わる。
出所：第2工業省。ADB（アジア開発銀行）のデータは Key Indicators for Asia and the Pacific 2011 より。

てもかなり高い成長率で統計に問題があるのではないかともいわれるが、アジア開発銀行もその数値を計上している[1]。現地通貨チャット評価の GDP に基づく成長率である。

　2008〜09年に発生したリーマン・ショックにより先進国のみならず発展途上国も経済減速を経験した。ミャンマーがこの時期10％以上の成長を遂げたことは、2003年から本格化した対ミャンマー経済制裁のため、同国経済が欧米経済と連携が薄かったこと、また金融部門も世界と関係が少なかったことが幸いしたと言えよう。

3-3 GDP 各部門の推移

　GDPに占める農業（林業、水産業を含む）、工業（鉱業を含む）、サービス業の比率の推移をみると、1990年度から2008年度の間に農業は47.1％から41.2％に縮小、一方、工業は13.4％から21.7％に拡大、サービス業は39.6％から37.1％にやや縮小した（表6参照）。この変化は非常にノーマルな変化といえよう。だいたい東アジア諸国は農業部門が減り、工業部門が増大、サービス部門は当初減少、やがて拡大となるのが典型的な発展パターンである。各国政府が工業化に力を入れるからである。これと対照的なのが中南米の発展で農業部門の縮小をサービス部門が吸収してしまい、工業部門がなかなか発展しない。農業部門の縮小も緩慢でいつまでも一次産品輸出に頼りがちである（これは「一次産品の罠」と呼ばれる）。

　そうはいってもミャンマーの場合、農業部門の重要性は明白である。2008年度においてGDPの41.2％を占め、農林水産業品輸出は総輸出額の25.7％に達し、労働力の64％がこの部門で働き、人口の約75％の人々が農村地帯に住んでいる。

　稲作がミャンマー農業の中心で、栽培面積800万ヘクタール以上に及び籾米生産は3,200万トン以上（2008年度）、世界で7番目の米生産国であり、国内消費は世界一の米食の国である。最近は国内消費が増大し米の輸出は2％前後である。なお、あまり知られていないがミャンマーは灌漑率が比較的高い。純栽培面積の約17％は灌漑されているといわれ全国に686のダムと貯水池がある。

　インドと競合するのが豆類である。毛蔓アズキやリョクトウ（緑

豆）が収穫される。これらはインドが不作のときは輸出され、また逆にミャンマーが不作のときは輸入する。ミャンマーの輸出品として結構重要になっている。

表6 ミャンマー：GDP部門別シェアの推移

(単位：%)

会計年度	農業	工業	サービス
1990/91	47.0	13.4	39.6
2000/01	42.8	17.7	39.5
2008/09	41.2	21.7	37.1

出所：第2工業省。

工業部門が伸びているのは、政府の政策の結果といえよう。しかしミャンマーは1962〜88年の間は社会主義を標榜し中央計画経済が採られていた。1989年以降軍政の下、一応門戸開放政策と市場原理経済体制を採ったが実態は低所得のままだった。2000年以降徐々に中国やタイの影響を受けて工業が発展してきた。またアセアンの指導も大きい。毎年の首脳会談によって種々の方針が決められるが、前述したように、アセアンは2015年までにアセアン経済共同体（AEC）を結成しようとしており、指針を示してメンバー各国と種々の共同作業を行っている。特に重要なのは、2000年の首脳会談で提唱された「アセアン統合イニシャティブ（IAI）」であり、これはアセアン内における新規加盟国カンボジア、ラオス、ミャンマー、ベトナムと他の先行メンバー国とにある格差を早急に解消するためのプログラムである。前述したようにシンガポールはこのプログラム中、人材開発に力を入れCLMV各国に研修センターを建設した[2]。ミャンマー、ラオス、ベトナムには早くも2001年に、カンボジアには2002年にセンターをつくった。ヤンゴンの「ミャンマー－シンガポール研修センター（MSTC）」では2002年3月から貿易促進、農業開発、空港・港湾管理、ホテル・ツーリズム、人材養成等の本格的研修を主に公務員に

対して開始した。

またAEC実現に関しては、2007年の首脳会談で合意されたアセアン経済共同体行動計画（ブループリント）がある。この計画は、2015年の共同体結成のために貿易・投資の自由化、円滑化、格差是正、アセアン地域の世界経済編入（グローバル化）のためのさまざまな諸策を具体的にいつまでに達成していくかを2年ごとに定めたものである。こうした背景の下、ミャンマーの真の工業化政策は2008～09年頃から本格的に加速したと類推される。

3-4　経済開発戦略

軍政終盤から現在の政府発足期までの経済開発戦略は、三つの柱を目標にしている。それらは、①経済統合と発展の強化、②国内における地域格差の解消、③持続的成長の確保、である。この目標を達成するため具体的に国家開発計画は、①部門別計画、②地域開発、③国境・辺境開発、を重点としている。

3-4-1　部門別計画

部門別開発には農業開発計画、工業開発計画、インフラストラクチャー開発計画、サービス業開発計画等がある。工業開発計画には国内に18の工業団地の設置計画がある。2009年時点で存在する18工業団地は以下のとおりである。またこれらの工業団地に同年9月末で9,589社の中小企業が入っているとのことである。それらを右側に示しておく。

ザガイン管区
　①モンユワ工業団地（Monywa）　　　　　　　　　　895社
　②カレー工業団地（Kalay）　　　　　　　　　　　　254社

マンダレー管区
　③マンダレー工業団地（Mandalay）　　　　　　　1,109社
　④ミンヂャン工業団地（Myingyan）　　　　　　　　330社
　⑤メイッティーラ工業団地（Meiktila）　　　　　　349社

マグェー管区
　⑥パコック工業団地（Pakokku）　　　　　　　　　273社
　⑦イエナンヂョン工業団地（Yenangyaung）　　　　88社

シャン州
　⑧タウンジー工業団地（Taunggyi）　　　　　　　　750社

バゴー管区
　⑨ピー工業団地（Pyay）　　　　　　　　　　　　　190社

エーヤーワディ管区
　⑩パテイン工業団地（Pathein）　　　　　　　　　　355社
　⑪ミャアウンミャ工業団地（Myaungmya）　　　　　364社
　⑫ヒンタダ工業団地（Hinthada）　　　　　　　　　443社

ヤンゴン管区
　⑬東ヤンゴン工業団地（Yangon East District）　　1,316社
　⑭西ヤンゴン工業団地（Yangon West District）　　1,034社
　⑮北ヤンゴン工業団地（Yangon North District）　　705社
　⑯南ヤンゴン工業団地（Yangon South District）　　899社

モン州
　⑰モーラミャイン工業団地（Mawlamyine）　　　　　209社

タニンダーイー管区
⑱ベイッ工業団地（Myeik）　　　　　　　　　　26社
(合計　9,589社)

なお、2011年1月になり経済特区に関する法律（ミャンマー連邦共和国経済特区法）ができ、ヤンゴン近くのティラワ、そしてチャウピュー、ダウェーが経済特区の候補となっている[3]。この3カ所ともに港湾と工業団地がセットになっている。

3-4-2　地域開発

地域開発は地域格差是正のために計画されたもので、①24特別地域開発計画と②通常の市町村開発計画からなっている。特別地域開発計画は前掲した工業団地開発と重なっている地区もある。これは工業団地を拠点として地域全体を活性化しようとする意図がある。以下にそれを記す。

①カチン州ミッチーナー　　　　　（Myitkyina）
②カチン州バモウ　　　　　　　　（Bamaw）
③北部シャン州ラーショー　　　　（Lashio）
④東部シャン州チャイントン　　　（Kyangtong）
⑤南部シャン州タウンジー　　　　（Taunggyi）
⑥南部シャン州ピンロン　　　　　（Pinlon）
⑦カヤー州ロイコー　　　　　　　（Lwaikaw）
⑧カイン州パアン　　　　　　　　（Pa-ann）
⑨モン州モーラミャイン　　　　　（Mawlamyaing）

⑩ラカイン州シットェー（旧アキャブ）　　（Sittway）
⑪チン州カレー　　　　　　　　　　　　　（Kalay）
⑫ザガイン管区モンユワ　　　　　　　　　（Monywa）
⑬マンダレー管区マンダレー　　　　　　　（Mandalay）
⑭マンダレー管区メイッティーラ　　　　　（Meiktila）
⑮マグェー管区パコック　　　　　　　　　（Pakokku）
⑯マグェー管区マグェー　　　　　　　　　（Magway）
⑰西部バゴー管区ピー　　　　　　　　　　（Pyay）
⑱東部バゴー管区バゴー　　　　　　　　　（Bago）
⑲エーヤーワディ管区ヒンタダ　　　　　　（Hinthada）
⑳エーヤーワディ管区パテイン　　　　　　（Pathein）
㉑エーヤーワディ管区マウービン　　　　　（Maubin）
㉒ヤンゴン管区ヤンゴン　　　　　　　　　（Yangon）
㉓タニンダーイー管区ダウェー　　　　　　（Daway）
㉔タニンダーイー管区ベイッ　　　　　　　（Myeik）

3-4-3　国境・辺境開発

　これも趣旨は同じで首都から離れている国境地帯の開発を行い、地域振興と格差是正を狙っている。ミャンマーは5カ国と国境を接し、また少数民族問題も抱えている。密輸も多いといわれ、地下経済活動を市場経済に取り込み地域の所得向上と民生安定を意図している。ここでも拠点開発の手法が採られ12カ所の国境貿易地域（必ずしも国境に隣接していない町もある。例えばシットェーはラカイン州の州都であるが、河口の島に位置する港である）を設定してい

る。それらは以下の12地域である。

(1) ミャンマー〜中国国境
 ① ムセ   （Muse）
 ② バモウ   （Bamaw）
 ③ チンシュエホー （Chin Shwe Haw）
 ④ カンパイティー （Kanpaitee）
(2) ミャンマー〜タイ国境
 ⑤ ターチーレィッ （Tachileik）
 ⑥ ベイッ   （Myeik）
 ⑦ コータウン （Kawthaung）
 ⑧ ミャワディ （Myawadi）
(3) ミャンマー〜バングラデシュ国境
 ⑨ マウンドー （Maungdaw）
 ⑩ シットェー （Sittway）
(4) ミャンマー〜インド国境
 ⑪ タム   （Tamu）
 ⑫ リード   （Yeid）

これらのためミャンマー政府はラオスを除き4カ国と国境貿易協定を結んでいる。中国とは1988年、インドとは1994年、バングラデシュとは1994年、タイとは1996年である。ラオスとは現在協定案の交渉段階である。2008年度における国境貿易額（輸出額＋輸入額）は総貿易額の約13％であった。

3-4-4　工業開発促進機関

　ミャンマーにおいて工業促進機関は2004年にきっちりとした組織ができた。まず中央に工業開発委員会（IDC）が設置され、軍と14人の大臣による最高政策決定機関となった。その下にミャンマー工業開発委員会（MIDC）がつくられ第1工業相を議長として工業開発に関する調整機関となり、国営と民間企業に対して指針を示した。さらにその下にミャンマー工業開発機動委員会（MIDWC）があり第2工業相を議長として、主に民間企業を担当し工業団地の運営や管理また中小企業対策を行った。このMIDWCに10小委員会が設置され種々の問題（法律、標準、研究・開発、人材養成等）を取り扱った。18工業団地の運営委員会さらには民間のミャンマー連邦商工会議所連盟（UMFCCI）やミャンマー工業協会（MIA）もこれらに協力した。しかしこうした組織は2011年の新政府樹立で大幅に改正された。

　2011年4月の改正により工業開発委員会（IDC）は第2工業相を議長とする14人で構成され、第2工業省が工業開発の責任を負うことになった。その下に12の小委員会がつくられた。それらは、①工業開発支援小委員会、②自動車・オートバイ生産開発小委員会、③農機具製造開発小委員会、④食料・薬品・繊維・化学・消費財開発小委員会、⑤住宅・建設開発小委員会、⑥電気・電子産業開発小委員会、⑦鉄鋼産業開発小委員会、⑧ゴム・ゴム製品開発小委員会、⑨中小企業開発小委員会、⑩人材促進開発小委員会、⑪環境保護・再生可能エネルギー開発小委員会、⑫工業団地開発支援小委員会、である。これらの組織がミャンマー商工会議所や工業協会、さらに

国外の広域メコン開発（GMS）を行うアジア開発銀行、アセアン経済共同体結成を指導するアセアン事務局等と協力して工業開発を推進している。

工業開発政策に関連する主な官庁としては、第2工業省、第1工業省、商業省、国家計画経済発展省（特に対外経済関係局にある国家AFTAユニット）、教育省、科学技術省、協同組合省、労働省、国境省等である。また民間の関連団体は、ミャンマー連邦商工会議所連盟（UMFCCI）、ミャンマー工業協会（MIA）、ミャンマー・エンジニアーズ・ソサイエティ（MES）、ミャンマー女性経営者協会（MWEA）、ミャンマー漁業連盟（MFF）等である。

3-5　貿易と外国直接投資

ミャンマーの2008年度までの統計を基に貿易・直接投資を見てみよう。特徴は、軍政下でも貿易、投資ともかなりの拡大を示していることである。2003年以降本格化した米国を中心とする経済制裁にもかかわらずこうした事態が進行していたことは誠に興味深い。特に従来からの伝統的宝石、チーク材、農産品輸出から天然ガス、縫製品の輸出が出てきた変化に注目したい。

3-5-1　貿易の状況

輸出額をみると、2001年度の171億3,100万チャットから2008年度の370億2,800万チャットと2.2倍に拡大した（表7参照）。輸入額は2001年度の183億7,800万チャットから2004年度まで減少するがそれから反転して2008年度には248億7,400万チャットになった。2001年

度に比べると1.4倍である。輸出額と輸入額を加えた貿易額は、2001年の355億900万チャットから2008年度の619億200万チャットへと1.7倍に拡大した。

特筆すべきは貿易収支である。1990年

表7　ミャンマーの輸出入額の動き（2001/02～08/09年）

(単位：100万チャット)

会計年度	輸出額 (1)	輸入額 (2)	貿易額 (1)+(2)	貿易収支 (1)-(2)
2001/02	17,131	18,378	35,509	-1,247
2002/03	19,955	14,910	34,865	5,045
2003/04	14,119	13,398	27,517	721
2004/05	16,697	11,338	28,035	5,359
2005/06	20,647	11,514	32,161	9,133
2006/07	30,026	16,835	46,861	13,191
2007/08	35,297	18,419	53,716	16,878
2008/09	37,028	24,874	61,902	12,154

出所：国家計画経済発展省。

代は軒並み赤字を記録しそれが2001年度まで続いた。しかし2002年度から黒字化した。これは2000年頃から本格化したパイプラインによるタイへの天然ガス輸出が貢献している（モッタマ湾沖合のヤダナ・ガス田とアンダマン海沖合のイェダグン・ガス田）。2007年度には貿易収支黒字額が168億7,800万チャットに達した。

貿易相手国をみると、経済制裁の影響を受け相手先は圧倒的にアジア中心である。2008年度の貿易額で見て88.3%がアジア諸国との貿易である（表8参照）。その内アセアン諸国が51.5%、その他アジアが36.8%を占めた。同じく貿易額でみた上位5カ国は、①タイ（26.6%）、②中国（22.2%）、③シンガポール（16.7%）、④インド（9.1%）、⑤マレーシア（6.0%）であり、この5カ国で80.6%を占めている。因みに日本は3.1%であった。

この上位5カ国の内、ミャンマーの貿易収支が黒字なのはタイ、中国、インドである。タイへは天然ガス、中国へは建設用木材、水産品等、インドへは農産品特に豆類輸出が主な要因であった。一方、

表 8　ミャンマー：貿易相手国（2008/09年）

(単位：100万チャット、%)

国	輸出額	輸入額	貿易額	
アセアン諸国				
ブルネイ	—	—	—	—
カンボジア	—	—	—	—
インドネシア	155	1,139	1,294	2.1
マレーシア	1,716	1,972	3,688	6.0
ラオス	—	—	—	—
フィリピン	49	—	49	0.1
シンガポール	4,638	5,713	10,351	16.7
タ　イ	14,341	2,151	16,492	26.6
ベトナム	—	—	—	—
小　計	20,899	10,975	31,874	51.5
その他アジア				
中　国	6,963	6,756	13,719	22.2
インド	4,838	797	5,635	9.1
日　本	1,006	908	1,914	3.1
韓　国	347	1,027	1,374	2.2
その他	160	—	160	0.3
小　計	13,314	9,488	22,802	36.8
その他世界	2,815	4,411	7,226	11.7
合　計	37,028	24,874	61,902	100.0

出所：中央統計局、ヤンゴン。

ミャンマー側が赤字であったのはシンガポールとマレーシアであり、前者は精製油（ジーゼル油等）や機械類、後者は食用のパームオイルの輸入増であった。

2006年度の統計であるが、ミャンマーの輸出品トップ10を見てみよう。1番は天然ガスで輸出額の40.7％を占めた（表9参照）。次は翡翠で同7.1％であった。以下ケツルアズキ（毛蔓小豆）、既製服、チーク、リョクトウ（緑豆）、魚類、堅木、他の鉱物、エビと続く。ここで翡翠と他の鉱物を一緒にして宝石・鉱物類、ケツルアズキとリョクトウを一緒にして豆類、チークと堅木を一緒にして木材、魚類とエビを一緒にして水産品とすると、順番は、①天然ガス（40.7％）、②宝石・鉱物類（10.5％）、③豆類（10.2％）、④木材（9.4％）、⑤水産品（6.4％）、⑥既製服（5.9％）となる。比較するため、1991年度の輸出の順番は、①木材（33.7％）、②豆類（17.4％）、③他の農産物（8.1％）、④米・米製品（5.8％）、

⑤水産品（5.5％）、⑥宝石・鉱物類（5.3％）であった。当時は衣類がわずか0.3％、天然ガスはゼロ輸出であった。すなわち近年天然ガスの出現と工業製品である縫製品の輸出が出てきていることは画期的変化である。

因みに2010年度の輸出統計を日本貿易振興機構の資料（『ジェトロ世界貿易投資報告2011年版』）で順番を確認すると、①天然ガス（28.4％）、②豆類（9.1％）、③木材（6.7％）、④縫製品（4.3％）、⑤水産品（3.1％）、⑥米（2.2％）、⑦ゴム（1.7％）となっている。

表9　ミャンマー：輸出品トップ10（2006年度）

（単位：100万ドル、％）

順位	輸出産品	輸出額	
1	天然ガス	2,039.1	40.7
2	ヒスイ	355.6	7.1
3	ケツルアズキ（毛蔓小豆）	305.3	6.1
4	既製服	297.2	5.9
5	チーク	270.7	5.4
6	リョクトウ（緑豆）	204.2	4.1
7	魚類	200.6	4.0
8	堅木	197.9	4.0
9	他の鉱物	171.9	3.4
10	エビ	119.1	2.4
	その他	842.8	16.8
	輸出計	5,004.3	100.0

出所：第2工業省。

3-5-2　国境貿易

前述したようにミャンマーは5カ国と国境を接しており昔から交易が盛んである。密輸の防止（市場経済への取り込み）、地域格差の解消、貿易円滑化、ミャンマーの比較優位を活かした国境沿いの開発を狙って政府は12の国境貿易地域を定めた。

それらの拠点を通した国境貿易統計の推移をみると、まず輸出額は2001年度2億9,300万ドルから2008年度の6億5,730万ドルと2.2倍に拡大した（表10参照）。輸入額は同期間2億1,284万ドルから6

表10　ミャンマー：国境貿易の推移（2001～08年度）

(単位：100万ドル)

年　度	輸出額 (1)	輸入額 (2)	貿易額 (1)+(2)	貿易収支 (1)-(2)
2001/02	293.00	212.84	505.84	80.16
2002/03	272.63	187.94	460.57	84.69
2003/04	307.31	224.49	531.80	82.82
2004/05	409.99	277.90	687.89	132.09
2005/06	479.62	298.52	778.14	181.10
2006/07	647.00	445.00	1,092.00	202.00
2007/08	746.68	582.85	1,329.53	163.83
2008/09	657.30	691.18	1,348.48	-33.88

出所：国境貿易局。

億9,118万ドルへと3.2倍に急増した。この期間中貿易収支は2008年度のみ3,388万ドルの赤字を記録した。

　輸出額と輸入額を合わせた貿易額を見ると2001年度の5億584万ドルから2008年度の13億4,848万ドルへ2.7倍の拡大であった。2008年度の国境貿易額は、同年ミャンマー総貿易額（103億1,700万ドル）の13％に当たる。為替レートに左右されるのでこの数字が正しいのかどうかはわからないが、いずれにしても国境貿易はミャンマー貿易の10％以上に達しているといえそうだ。

3-5-3　外国直接投資の流入

　ミャンマーへの外国直接投資流入額を、2008年度末（2009年3月31日）での累積認可額（残高）でみると157億2,600万ドルであった。これは認可額であり、実際の実行額ではないので注意。国別にみるとタイからが1番で59件74億680万ドル、2番が英国、50件18億6,100万ドル、3番がシンガポール、72件15億5,320万ドル、4番中

国、28件13億3,140万ドル、5番マレーシア、33件6億6,070万ドル、6番香港、31件5億420万ドルであった。中国と香港を一緒にすると59件18億3,560万ドルでシンガポールを抜いて3番になる。因みに米国は8番目15件2億4,360万ドル、日本は12番目23件2億1,680万ドル、インドは13番目5件1億8,900万ドルであった（表11参照）。この額は累積なので過去において英国、シンガポール、マレーシア、インドといった英連邦諸国の投資が多かったことはミャンマーとこれら諸国の結びつきが強かったことを物語っている。逆に最近はタイや中国といった隣国がミャンマーの国造りに大きく貢献していることがわかる。

　これらの流入分を部門別にみると、電力部門への投資が2件63億1,120万ドルととび抜けて1番であった。認可額合計の40.1％に達している（表12参照）。次が石油・ガスで88件33億5,750万ドル（21.4％）、3番目が製造業の154件16億2,890万ドル（10.4％）、4番目が鉱業の60件13億9,590万ドル（8.9％）、そして5番目が不動産19件10億5,650万ドル（6.7％）であった。

　石油・天然ガスや水力発電への投資が多くこの2部門で認可総額の61.5％を占めている。ミャンマーがこうした資源を豊富に持っていることの証左であり、今後の同国の発展可能性を十分に語るものである。

　ここで4点ばかり追加説明を行う。第一に、タイは自国の経済成長に伴い電力不足が懸念され、それを隣国ラオスやミャンマーの発電所建設に協力して買電する計画で積極的な投資を行っている。例えば、2005年にタイによってタンルィン川（旧サルウィン川）のタサン水力発電所建設の大型案件が発表された。この投資規模は60億

表11 ミャンマー：外国直接投資受入額（2009年3月31日までの累積認可額）

(単位：100万ドル、％)

順位	国　名	件　数	認可額	
1	タ　イ	59	7,406.8	47.10
2	英　国	50	1,861.0	11.83
3	シンガポール	72	1,553.2	9.88
4	中　国	28	1,331.4	8.47
5	マレーシア	33	660.7	4.20
6	香　港	31	504.2	3.21
7	フランス	2	469.0	2.98
8	米　国	15	243.6	1.55
9	インドネシア	12	241.5	1.54
10	韓　国	37	239.3	1.52
11	オランダ	5	238.8	1.52
12	日　本	23	216.8	1.38
13	インド	5	189.0	1.20
14	フィリピン	2	146.7	0.93
15	ロシア	2	94.0	0.60
16	オーストラリア	14	82.1	0.52
17	オーストリア	2	72.5	0.46
18	カナダ	14	39.8	0.25
19	モーリタス	2	30.6	0.19
20	パナマ	1	29.1	0.19
21	ベトナム	2	23.6	0.15
22	ドイツ	2	17.5	0.11
23	デンマーク	1	13.4	0.09
24	キプロス	1	5.3	0.03
25	マカオ	2	4.4	0.03
26	スイス	1	3.4	0.02
27	バングラデシュ	2	3.0	0.02
28	イスラエル	1	2.4	0.02
29	ブルネイ	1	2.0	0.01
30	スリランカ	1	1.0	0.01
	計	423	15,726.0	100.00

出所：2009年11月14日バンコク・ミャンマーワークショップにおける貿易・投資グループの報告より。

ドルを超えるといわれた4)。

第二に、中国もエネルギー不足を解消するためミャンマーに接近しており、「シットェーの南にある島、チャウピューで中国石油天然気集団（CNPC）が港湾を建設し、2012年に完成する予定。同港から中国雲南省まで約800kmのパイプライン2本を敷設し、中東、アフリカからの輸入原油やベンガル湾で産出する天然ガスを輸送する計画だ。同ルートを走る鉄道建設も近く着工する見通しだ」（高橋徹記者、日本経済新聞2011年12月20日付）。このチャウピュー〜昆明間のパイプラインは2013年に完成するといわれている。

表12 ミャンマー：外国直接投資の部門別内訳（2009年3月31日までの累積認可額）

(単位：100万ドル、%))

部門	件数	認可額	
電力	2	6,311.2	40.13
石油・ガス	88	3,357.5	21.35
製造業	154	1,628.9	10.36
鉱業	60	1,395.9	8.88
不動産	19	1,056.5	6.72
ホテル・観光業	44	1,049.6	6.67
牧畜・漁業	25	324.4	2.06
輸送・通信	16	313.3	1.99
工業団地	3	193.1	1.23
建設	2	37.8	0.24
農業	4	34.4	0.22
その他サービス	6	23.7	0.15
計	423	15,726.0	100.00

出所： 表11に同じ。

第三に、日本が2008年頃から提唱している南部経済回廊計画で、ベトナムのブンタウ（近くに日本の円借款で行っているカイメップ・ティーバイ港湾建設がある）からホーチミン市を通り、カンボジアのプノンペン、タイのバンコク、ミャンマーのダウェー（タニンダーイー管区）までの道路建設であるが、すでにタイはダウェーの港湾建設と工業団地建設に着手している。これができるとインド洋への出入り口が確保されることになる。

第四に、最近のミャンマーへの外国投資流入は異常というべき速度と額になっている。2010年度単年度の認可額は、199億9,800万ドルと今までの累積額を越える過去最高となった。石油・天然ガスと電力で総額の92.0％を占め、国も韓国、香港、中国、タイの4カ国・地域が認可総額をほぼ独占した[5]。

3-6 金融部門

ミャンマーの金融システムは、ミャンマー中央銀行（CBM）の下に4国立銀行、2国立非銀行組織、19国内民間銀行からなっている。さらに外国銀行に関しては14の代表事務所がヤンゴンに開かれているが、これらは本店とのリエゾン業務だけを許可されている。

4国立銀行は以下のとおり。

1. ミャンマー経済銀行（MEB：Myanmar Economic Bank）
2. ミャンマー外国貿易銀行（MFTB：Myanmar Foreign Trade Bank）
3. ミャンマー投資商業銀行（MICB：Myanmar Investment and Commercial Bank）
4. ミャンマー農業開発銀行（MADB：Myanmar Agricultural Development Bank）

最初の3行は財政歳入省の、4番目は農業灌漑省の管轄になっている。ミャンマー経済銀行は商業銀行、貯蓄銀行として作用し、中央銀行の代理として国家資金も扱っている。ミャンマー外国貿易銀行とミャンマー投資商業銀行は、商業銀行業務を行うと同時に外国為替業務を行っている。ミャンマー農業開発銀行は主に農民への融

資を行っている。

　国立のノンバンクは2組織あり以下のとおり。

　　1．ミャンマー小規模ローン会社（MSLE：Myanmar Small Loans Enterprise）
　　2．ミャンマー保険（MI：Myanmar Insurance）

　ミャンマー小規模ローン会社は所得の低い人や零細・小企業への貸出業務を行い、ミャンマー保険は保険業務（生命保険、海上、飛行機、火災、自動車、石油・ガス保険等）を扱う唯一の機関である。

　民間銀行19社は以下のとおり。

　　①第1民間銀行（First Private Bank）
　　②ミャンマー市民銀行（Myanmar Citizens Bank）
　　③ミャワディ銀行（Myawady Bank）
　　④協同組合銀行（Co-operative Bank）
　　⑤アジアヤンゴン銀行（Asia Yangon Bank）
　　⑥アジア緑開発銀行（Asia Green Development Bank）
　　⑦カンボウザ銀行（Kambawza Bank）
　　⑧インワ銀行（Innwa Bank）
　　⑨ヤダナボン銀行（Yadanabon Bank）
　　⑩ヤンゴンシティ銀行（Yangon City Bank）
　　⑪トゥン基金銀行（Tun Foundation Bank）
　　⑫ヨマ銀行（Yoma Bank）
　　⑬オリエンタル銀行（Myanmar Oriental Bank）
　　⑭ミャンマー畜産・漁業開発銀行（Myanmar Livestock and Fisheries Bank）
　　⑮ミャンマー工業開発銀行（Myanmar Industrial Develop-

ment Bank)
⑯シビン・ダーヤー・イエ銀行（Sibin Tharyar Yay Bank）
⑰エーヤーワディ銀行（Ayeyarwaddy Bank）
⑱ユナイテッド・アマラ銀行（United Amara Bank）
⑲ミャンマー・アペックス銀行（Myanmar Apex Bank）

ミャンマー証券取引所センター株式会社（MSEC：Myanmar Securities Exchange Center Co. Ltd.）は、ミャンマー経済銀行（MEB）と日本の大和総研の合弁によって1996年につくられた会社で、ミャンマーに証券取引を行う資本市場をつくろうとしている。中央銀行は1993年から3年物、5年物の国債を発行した。最近新規の2年物国債も売り出した。上記のミャンマー証券取引所センター株式会社（MSEC）とミャンマー経済銀行（MEB）は国債の引き受けも行っている[6]。

2011年9月1日に銀行金利の改定を行い、預金金利は10％以下12％以上にしないよう、また貸出金利は15％を超えないように定めた。最高金利は今までの17％から15％に下がりビジネスを活性化するものと考えられる。また農産品7品目、林業品3品目への輸出税を減免した。さらにミャンマーは、IMF等と協議して外国為替管理法（1947年制定）を改正し、複数為替を統一し、固定為替レートから漸進的変動為替レートへの変更等を検討している。またアセアン経済共同体結成（2015年）の行程表に合わせて、貿易自由化（関税削減や非関税障壁の緩和等）を加速化させようとしている。

表13　ミャンマー：零細・中小企業の定義

項　目	零細企業	小企業	中企業	大企業
動力（馬力）	＜3	3〜25	26〜50	≧51
労働者数（人）	＜10	10〜50	51〜100	≧101
資本金（100万チャット）		≦1	1＜資本≦5	＞5
年間生産高（100万チャット）		≦2.5	2.5＜生産高≦10	＞10

出所：第2工業省。

3-7　中小企業政策

　ミャンマーにおける中小企業は、同国経済に大きく貢献している。中小企業は、全企業数の92％（2009年）に及び、18ある工業団地にすでに9,589社が入っている。また、中小企業はミャンマー輸出額の32％（2005年）を担っている。2004年の統計では、ミャンマーの中小企業は、雇用の80％、産出高の69％、投資額の68％を占めるといわれる。

3-7-1　ミャンマーにおける中小企業の定義

　ミャンマーにおける中小企業の定義は、1990年に出された「民間工業企業法」に依っている。また1991年に制定された「家内工業促進法」で零細家内工業を定義している。中小企業の定義は、労働者数あるいは使用動力、資本金、年間売上高によっている（表13参照）。一番わかりやすい労働者数で示せば、零細企業は10人以下、小企業は10人から50人の間、中企業は51人から100人まで、大企業は101人以上が働いている企業ということになる。

表14 ミャンマー:規模別企業数の推移 (2000～09年)

	小企業		中企業		大企業		計	
		(%)		(%)		(%)		(%)
2000	30,201	83.4	4,185	11.6	1,843	5.1	36,229	100.0
2001	31,393	83.2	4,291	11.4	2,047	5.4	37,731	100.0
2002	31,852	82.7	4,342	11.3	2,304	6.0	38,498	100.0
2003	32,016	81.3	5,052	12.8	2,304	5.9	39,372	100.0
2004	33,454	78.2	6,215	14.5	3,135	7.3	42,804	100.0
2005	32,534	77.7	6,149	14.7	3,194	7.6	41,877	100.0
2006	33,456	77.2	6,430	14.8	3,438	7.9	43,324	100.0
2007	33,504	77.0	6,516	15.0	3,483	8.0	43,503	100.0
2008	33,472	76.4	6,722	15.4	3,590	8.2	43,784	100.0
2009	33,438	76.4	6,741	15.4	3,610	8.2	43,789	100.0

出所:第1工業省。

3-7-2 中小企業の現状

　規模別企業数の推移をみると、小企業は2000年の3万201社から2009年の3万3,438社に増えた(表14参照)。中企業は同期で4,185社から6,741社へ、大企業は同じく1,843社から3,610社に増加した。総企業数(家内工業は除く)は同期間に3万6,229社から4万3,789社に増えた。興味深いのは規模別企業のシェア変化である。小企業のシェアは2000年から2009年にかけて83.4%から76.4%に減少している。一方、中企業は同期間に11.6%から15.4%に、大企業も同じく5.1%から8.2%に増加した。いずれにしても中小企業の全企業に対する比率は2000年の95.0%から2009年の91.8%に減少した。これは個々の企業が徐々に成長していると解釈できるが、ミャンマーにおける中小企業の定義が狭義に定義されていると考えられ、今後経済成長を続けると中企業(労働者数51～100人)、大企業(101人以

上）の定義は小企業も含めて変えなければならないだろう。

2009年9月に登録されている企業の内、大企業を除き中小企業だけの業種を見ると、食料・飲料に集中している。中小企業数は全部で4万178社あるが、その内2万6,997社、67.2％が同部門である（表15参照）。次は建設資材の2,614社、6.5％、また衣類の1,613社、

表15　ミャンマー：業種別中小企業（2009年9月時点）

業　種	小企業	中企業	計	（％）
食・飲料	23,061	3,936	26,997	67.19
衣類	1,244	369	1,613	4.01
建設資材	2,116	498	2,614	6.51
個人用品	455	297	752	1.87
家庭用品	125	69	194	0.48
印刷・出版	191	69	260	0.65
工業原材料	406	254	660	1.64
鉱物・石油	1,206	307	1,513	3.77
農業機械	45	27	72	0.18
機械・機具	170	82	252	0.63
輸送機械	78	14	92	0.23
電気製品	21	10	31	0.08
その他	4,319	809	5,128	12.76
計	33,437	6,741	40,178	100.00

出所：第1工業省。

4.0％。それから鉱物・石油の1,513社、3.8％と続く。小企業だけで見ると、食・飲料、建設資材、衣類、鉱物・石油の順番であり、中企業だけでみると食・飲料、建設資材、衣類、鉱物・石油とやはり同じ順番になる。

3-7-3　中小企業政策

中小企業に対する政策は、前述したように第2工業省に一本化され、工業開発委員会（IDC）の中に中小企業開発小委員会が設けられた。今後この小委員会が種々の政策を指導していくものと思われる。ミャンマーの中小企業の問題点として、①不適切な（低い）技術と管理能力、②電力不足、③原材料と輸入品価格の高騰、④熟練

労働者の不足、⑤企業間の連携不足（サプライチェインが適切に組まれていない）、⑥資金不足と銀行ローンへの機会が少ないこと、等が指摘される。例えば、融資であるが、現在は主に国営2銀行（ミャンマー経済銀行とミャンマー投資商業銀行）と民間のミャンマー工業開発銀行が対応しているが、他銀行の参加や融資枠の拡大等が必要になってこよう。またクラスターとしての工業団地の効率的活用（すでに説明したように18の工業団地に入居している中小企業の数は9,589社に上っている）、特に適切なサプライチェインの構築が望まれる。

民間の種々の機関も政府機関と密接に協力関係を保つことになっている。それらを列挙すると

①ミャンマー連邦商工会議所連盟（UMFCCI）
②ミャンマー工業協会（MIA）
③ミャンマー女性経営者協会（MWEA）
④ミャンマー・コンピュータ産業協会（MCIA）
⑤ミャンマー・エンジニアーズ・ソサイエティ（MES）
⑥ミャンマー建設経営者協会
⑦ミャンマー森林・木材製品販売業者協会
⑧ミャンマー縫製業者協会
⑨ミャンマー豆類・ゴマ販売業者協会
⑩ミャンマー薬品・医療協会

等である。

ミャンマーはアセアンのメンバーに1997年からなったが、アセアンの中小企業監督庁ワーキング・グループ（ASEAN SME Agencies Working Group）に参加し、1999、2001、2007年にヤンゴンで

3回の会合を主催した。また、前述したようにアセアン経済共同体結成に向けての行程表（2007〜14年）の中の中小企業開発目標達成に積極的に取り組んでいる。

なお最後になったが、2011年11月にネーピードーで行われたわれわれのセミナーにおいて、第2工業省が新たな「中小企業促進政策」をつくり、同12月に発表する予定だとの報告があった。その新政策は11章からなり、第1章は目的を述べていて、次の5点に要約できる。(1) ミャンマーの民間部門は大企業も、中小企業も新たにできるアセアンの共同市場のなかで広範なビジネス・チャンスを活用すべきである。(2) 中小企業は工業開発委員会（IDC）の下で情報と経験を積極的に共有すべきである。(3) 中小企業は機会を逃がさず、持続的発展を達成すべき。(4) アセアン共同市場に売り込むためのマーケティングの能力向上。(5) 期待される成果は、国中におけるすべての部門の統合とネットワークづくりである。

第2章は、品質向上を謳い、生産過程のみならず管理部門での効率化を目指している。ここで日本の日野、マツダ、松下、クボタの名前を挙げて「5S運動」を紹介している。第3章は、中小企業への融資を取り上げ、工業開発委員会（IDC）を仲介とする新たなソフト・ローンの枠組みを紹介している。また零細企業、家内工業、農業に対する融資にも言及している。第4章は、中小企業を間接的に助ける部門を発展させる。まず農業が国の根幹としてその開発を挙げ、次に道路網、通信、電気・水道・ガス等の改善を推進する。産品の市場価格をラジオや電話ですぐにわかるようにするためミャンマー連邦商工会議所連盟が一役買うことになっている。第5章は市場開拓で、市場調査、販売促進運動、ISO取得支援、ビジネス・

マッチング等を紹介。第6章は競争力強化の方策を扱っている。技術改良、品質改善、生産性向上、新デザイン、リーン・プロダクション、起業支援のための制度（インキュベーター）等を挙げている。第7章は地元の産業促進で、日本の「1村1品」運動も紹介されている。第8章は、人材養成についてである。技能訓練や新しい技術の習得、国際機関・先進国や近隣国の職業訓練学校の利用等が述べられている。第9章は研究・開発（R&D）について言及している。第10章は税制上の恩典、特に輸出農産品にかかる輸出税の減免や免除についての新たな方策を扱っている。最後の第11章は一般市民の生活向上のためのインフラストラクチャーの整備を謳っている。同時にビジネスを効率化する運輸・輸送ロジスティックス、倉庫網、サプライチェイン、船舶輸送システム等の改善も述べている。要するにこの新しい政策は、ミャンマーの中小企業にとって初めての総合的中小企業政策の出現であり、画期的なものと言える。

3-8　ICT

　ミャンマーの情報・通信事情、特にインターネットについて簡単に概説する。同国のインターネット使用者は約2万5,000人といわれ近隣国に比較して非常に遅れている。一つは今まで軍政が厳しく管理していた事情がある。今まではインターネットでもグーグルのGメールしか使用できず、他の例えばヤフーは使えなかった。またインフラ施設面での投資が遅れている点もあった。さらに軍政下において情報通信に関する統一した政策がなかったといえる。例えば、固定の電話網も非常に限られていた上に、携帯電話もヤンゴンと

ネーピードーの間で通じないということがあった。これは、ヤンゴンは欧州方式、ネーピードーは中国方式の携帯電話だったからだと言われている。

　まずミャンマー近辺を通る国際主要幹線網（インターネット・バックボーン）は２本ある。SEA-ME-WE 3海底ケーブルとSEA-ME-WE 4海底ケーブルである。前者はヨーロッパ〜中東〜アジアを結ぶケーブルでドイツのノルデンから日本の沖縄まで来ている。ミャンマーの上陸ポイントはヤンゴン南部のピャポン、周辺では南部タイのサトゥーン、スリランカのマウント・ラビニア、インドのコーチンである。後者はフランスのマルセーユとシンガポールを結んでいる。このラインはミャンマーに上陸ポイントを持たないが、周辺では、タイのサトゥーン、バングラデシュのコックスバザール、インドのチェンナイが上陸ポイントである。

　ミャンマー国内の光ファイバー網は基本的に６本ある。ピャポンからヤンゴンに結ばれた後(1) ヤンゴン〜バゴー〜ミャワディ（〜メーソット〜バンコク）、(2) ヤンゴン〜ネーピードー〜タウンジー〜ターチーレィッ（〜メーサイ〜バンコク）、(3) ターチーレィッから枝分かれしてワンポン（そしてラオスに入ってビエンチャン〜ハノイに繋がるライン）、(4) ヤンゴン〜マンダレー〜ラーショー〜ムセ（〜瑞麗〜昆明〜広東市〜香港）、(5) マンダレーから西に枝分かれしてタム（そしてインドのニューデリーに結ぶライン）、(6) ヤンゴン〜マウンドー（〜コックスバザール〜ダッカ）、である。国境を接する５カ国と光ファイバーですでに結ばれていることがわかる。光ファイバー網の国内総延長は、１万4,338kmといわれる。2009年時点で建設中619km、建設予定1,747kmと計画されている。

国内のバンド幅は20Gbps、国際バンド幅は1.13Mbpsである。ブロードバンドは、ADSL、WiMAX、光ファイバー、および人口衛星が使われている。

　ヤンゴン、マンダレーに次いで3番目の情報通信集積地がマンダレーの近くのヤダナボンにつくられ「ヤダナボン・サイバー・シティ」と呼ばれる。2008年から本格的に動き出したが、工業団地にはインド、中国、ロシア、タイ等の企業が投資している。ここではコンピュータ教育も行われていて、毎年1,200人の卒業生を生んでいる。

注
1) IMF の World Economic Outlook Database, October 2012は、2007年12.0％、2008年3.6％、2009年5.1％、2010年5.3％、2011年5.5％としている。
2) シンガポール政府のサイト、http://www.mfa.gov.sg/content/mfa/international_organization_initiatives/asean.html を参照。
3) 2012年9月現在で政府により承認されたのはダウェーのみである。あとの二つは近いうちに承認される予定と言われる。
4) 工藤年博「ミャンマーとメコン地域開発」石田正美・工藤年博編『大メコン経済協力』アジア経済研究所、2007年、を参照。
5) 日本貿易振興機構『ジェトロ世界貿易投資報告2011年版』を参照。
6) 2012年5月に東京証券取引所と大和証券グループ本社、ミャンマー中央銀行は証券取引所開設に関して覚書を交わした。2015年開設を目指す。

第4章　ミャンマー研修の実態

勉強中の子供たち（バゴーにて）

CLMV 諸国を主にした ERIA に関連する公務員、研究者、大学教員等を対象とした研修は、すでに説明したように2007年度から幕張のアジア経済研究所とインドの発展途上国研究情報システムセンター（RIS）で開始されたが、その中で講師を現地に派遣して1日セミナーを行う巡回型研修はバンコク研究センターが受け持った。この章では筆者が関連した2007～11年度に関してミャンマーを取り上げ説明する。この間にミャンマーセミナー5回、バンコク・ミャンマー・ワークショップ1回を開催した。また最後に、2012年度のマンダレーにおいて行われた1日セミナーにも筆者は講師として呼ばれたのでそれも追加して説明する。

4-1　初めてのミャンマー（2007年度研修）

ERIA 設立前から研究活動も同じであるが、人材養成活動も ERIA の実績づくりとして着手された。バンコク研究センターは、講師派遣型巡回セミナーを11月に CLMV 各国で行うべく準備した。セミナーの総合タイトルも初めて行うので「経済発展と統合──CLMV 諸国への含意」とした。ところがミャンマーでは8月頃から反政府運動が始まり、9月には僧侶のデモが行われ、日本人のジャーナリストが殺害される事態となった。そのため11月開催は無理と判断された。そこで11月はハノイ、プノンペン、ビエンチャンの3カ所だけで行うことにした。しかし、その後ネーピードーと連絡したところ是非ミャンマーでも開催してほしいとの要請があったので2008年2月に再度4カ国で巡回セミナーを行うことになった。ネーピードーにおけるわれわれの交渉相手は国家計画経済発展省の

対外経済関係局（特に「国家AFTAユニット」）である。ここがミャンマー政府を代表してアセアン事務局と交渉する窓口をしているからである（また、ERIAのミャンマー代表理事は、その後国家計画経済発展省計画局長のドウ・ライライテイン氏が選ばれた）。準備段階においてバンコク研究センターが直接ネーピードーと連絡できないときは、ジェトロ・ヤンゴン事務所に依頼してヤンゴンからネーピードーに直接話してもらった。ネーピードーにおける1日セミナーは2月18日と決まった。このときは、2月11日ラオスのビエンチャン、2月13日カンボジアのプノンペン、2月15日ベトナムのハノイでセミナーを開催しそのまま引き続きミャンマーというCLMV連続研修で2月10日から19日までの全日程10日間の長丁場となった（前掲表4参照）。

4-1-1　初めて訪れるネーピードー

2008年2月16日（土）にハノイからバンコク経由で夕方ヤンゴンに入った。初めて来たヤンゴンであるが、道路が広くてのんびりした印象を受けた。アウンサンスーチー氏が近くに住むというインヤー湖に面したセドナホテルに到着、この棟続きにはジェトロ・ヤンゴン事務所もある。シンガポール資本のホテルでなかなか立派である。地下には英国風パブもあった。

翌日（2月17日）朝6時頃にヤンゴン飛行場に行く。ネーピードー行きの飛行機は非常に不規則で飛行場に行ってみないと飛ぶかどうかわからないという。よく便そのものがキャンセルされたり、席があっても突然政府高官が来たといって奪われてしまうことがあるそうだ。8時まで待機してやっと出発することになった。プロペラ機

写真2　ネーピードー飛行場

で約1時間、9時少し過ぎにネーピードーの飛行場に到着した。広大な飛行場なのだが、われわれの乗ってきた飛行機しか見当たらない（写真2参照）。まだ国際線も入っていないのだ。ネーピードーは、そもそもまだ観光客は立ち入り禁止とのことである。迎賓館のような立派な建物があるが、これが将来のターミナルなのか国賓等のための建物なのかよくわからない。われわれは簡易な建物から外に出た。

　ネーピードーは新しい首都として2003年から建設が始まり、2006年10月に遷都が宣言された。広い道路が走っていてとにかく広大である。飛行場から30分ぐらい車で走ってホテル地区に入った。ロッジスタイルのホテルが5軒ぐらい並んで建っている。その内の一つロイヤルクムドゥラ・ホテル（蓮の花の意）に入った。ここがセミナー会場でもある。一休みした後、まず会場のチェックをする。コンピュータ、プロジェクター、スクリーン、マイク等の機器類の準備とチェック、配布資料の確認、席の配置、バックドロップ（舞台の背景幕、特にセミナー名、主催・共催者名等の英語綴りのチェック）等大変忙しい。昼食時間になったので近くのピンマナに行く。鄙びた村で昔は林業で栄えピンマナは「大木の側」という意味だと聞いた（写真3参照）。市場もあり生活臭がして活気があり（写真4

参照)、ネーピードーの無機質、人工的なのと好対照である。ピンマナはもともとマンダレーに繋がる鉄道の駅もあり、軍の基地としても有名な場所である(太平洋戦争中のビルマ独立義勇軍の基地、終戦末期に英国に加担して日本軍を打ち破るのに貢献したビルマ国軍の拠点)。

午後はネーピードーの見学をした。官庁がポツンポツンとかなり離れて建っ

写真3　ピンマナの町

写真4　ピンマナ市場

ていて、住宅区とは区別されている。住宅区は高級公務員と一般公務員で屋根の色が違うアパートになっていると説明を受けた。ヤンゴンにあった動物園をこちらに移し、ゴルフ場もつくられた等の話も聞いた。丘の上のできたばかりのパゴダを見学する(写真5参照)。寺院に入るときは素足にならなければいけない。皆で靴を脱ぎ靴下もとって入った。このときはヤンゴンのシュエダゴン・パゴダを模して建設した高さ100mのウッパタサンティ・パゴダはまだできて

写真5　ネーピードーの新パゴダ

いない（2009年完成）。ブラジルにおいてかつて、1960年にリオデジャネイロからブラジリアに遷都したとき、当初は公務員たちがブラジリアに住みたがらず週末になるとリオデジャネイロに戻っていたと聞いたが、ここでも同じことが起きているのであろう。因みにヤンゴン〜ピンマナ間は鉄道で7時間くらいとのことである。ホテルに戻り、国家AFTAユニットの職員たち、ヤンゴン経済大学から来た先生たち、講師たちと一緒に夕食をとり歓談した。

4-1-2　第1回ERIAミャンマーセミナー（ネーピードー）

セミナー当日（2月18日）、朝8時半には会場にすでに60人近い人が集まっていた。9時に開会、最初の挨拶は共催側の国家計画経済発展省対外経済関係局のドゥ・ミョーヌエ局長であった（Daw、ドゥは女性に対する敬称、男性にはU、ウをつける）。ERIAがわざわざネーピードーまで来てセミナーを開催することに謝辞が述べられ、また本日の出席者は各省庁より厳選した56名の政策担当官が参加しているとの説明があった。エリート集団が集められたので質

問も鋭いだろうと講師たちは緊張した。次に後援のジェトロ・ヤンゴン事務所長の小島英太郎氏から簡単な挨拶があった。

　講演のトップバッターは筆者で「成長か貧困削減か」というタイトルで、東アジアの開発経験を話し、特に内外の投資の必要性を強調した。投資がないと雇用も生まれないし、成長も覚束ない。特に工業化のためには政府がインフラストラクチャーを整備しないと民間企業も新規投資を行わないし、投資しても効率的な企業運営ができない。貧困削減のための支出は必要であるが、資源が限られた中ではまずは成長のためのモーメンタムをつけるための投資が重要と述べた。東アジアでは所得が向上するにつれて徐々に格差面も改善されてきた実績があることを紹介した。また現在ミャンマーが採っている輸入代替政策は、国内市場目当てのものはグローバル化された世界では競争力がなく、早く世界市場へ向けた転換が必要であることを述べた。そのためには自由化を促進して外資を呼び込むことが必要である。2番手はタイ経済社会開発庁（NESDB）上級アドバイザー、プロメティ・ビモルシリ氏による「GMS諸国における地域協力──ACMECSとタイ」であった。メコン広域経済圏（GMS：Greater Mekong Subregion）については、アジア開発銀行が主になって開発計画を進めているが、その枠組みと種々のプロジェクトをはじめに紹介し、次にタイのタクシン首相が2003年に提唱した「エーヤーワディ・チャオプラヤー・メコン経済協力戦略」（ACMECS）を説明した。当初のメンバーは上記3大川のあるミャンマー、タイ、ラオス、カンボジアで、ミャンマーのバガンにおいて最初の首脳会談を行ったが、翌2004年にベトナムもメンバーに加わって5カ国となった。東西経済回廊の国境沿いにワン・ストッ

プ・サービスセンターを設置、統一ビザの採用（特にタイとカンボジア間で）、契約農業や再生可能エネルギー開発に関する協力、感染症対策等が協議されている。タイ政府はこれら諸国に積極的に関与し経済協力を行おうとしていると方針を述べた。最後にタイのチュラロンコン大学ソンポップ・マナルンサン教授は、「FTA 枠組みにおける貿易と投資の促進——CLMV 諸国への含意」と題してはじめに自由貿易協定の枠組みを説明し、その中で貿易と投資の自由化がどのように進展しているか、その形態、交渉過程、効果等に関して概説し、特にタイにおける事例を具体的に紹介した。また CLMV 諸国に対しての特別の配慮、例えば、自由化目標設定期限の時間的猶予、人材養成、技術協力、法制度や政府組織改革への支援等を提案した。

　これらの講演に対して参加者からは、まず筆者に対しては、①ミャンマー製品は競争力がないので統合の際どのような特別措置があるか、②クラスター形成の実態とその管理運営、③インフラ開発の前に人的資源開発が重要ではないか、④「1 村 1 品」運動の実態について、等の質問・コメントがなされた。筆者は特に①について、今までの地域的自由貿易協定ではどの国もセンシティブ産品を抱えるので、輸入品の一部は例外品目が認められているし[1]、またアセアンの新規加盟国については、期限付き目標に関して通常上記にもあるように時間的猶予が与えられていると説明した。プロメティ氏に関しては、① ACMECS メンバー諸国は競合的関係が多く、補完関係を保つのは難しいのではないか、②タイが近隣国で実施している契約農業について政府補助、環境への配慮等は行っているのか、③タイでは幸福度や貧困ラインの計測をどのように行っているのか、

またソンポップ教授に関しては、①アセアンは、その多様性、政治体制の違い、指導者の資質等により経済統合は困難なのでないか、②例外品目の選定の仕方、緩和の方法、③CGE（計算可能一般均衡）モデルの使用例、等の質問・コメントが出され、それぞれの講師が回答した。なおCGEモデルの例は、筆者も参加したジェトロの日本・韓国FTA勉強会の計算例を紹介した。いずれにしても的を射たするどい質問ばかりで講師たちは回答するのに四苦八苦した。

参加者56人の内訳は、国家計画経済発展省25人、ヤンゴン経済大学を含めて教育省7人、農業灌漑省5人、商業省5人、財政歳入省5人、運輸省3人、鉄道輸送省3人、国境開発省3人であった。セミナー終了時に行われたアンケート調査では、52人（回収率93％）が回答し、大変満足30人、満足20人で96％が基本的に満足であったと応えた。また、次回の演題としては、①人的資源開発、②地域統合と開発、③開発パターンとその戦略等の希望が出された。

翌日2月19日の朝にドウ・ミョーヌエ局長の計らいで国家計画経済発展省の副大臣トゥーラインゾウ大佐を表敬訪問した。大佐は恰幅のいい快活な人で今回のセミナーの成功を祝福してくれた。われわれはドウ・ミョーヌエ局長からつい最近大佐の義母がお亡くなりになったと聞いていたのでお悔みを述べた。最後に国家計画経済発展省を去るときに同省の前で記念撮影をした（写真6参照）。

今回のネーピードーセミナーは、参加者が厳選され非常に中身の濃いものとなった。開催した側としては参加者の満足度が高くて幸いであった。昨年のスト以来、ミャンマー、特に首都のネーピードーで開催された外国のセミナーは多分これが初めてであったと推測され、またミャンマー政府側も真剣に対応してくれて大変有意義

写真6　国家計画経済発展省の前にて

であったと総括できる。

　同日の昼に空路ネーピードーからヤンゴンに戻った。ヤンゴンからバンコクに戻る飛行機が夜行便だったので、その間ヤンゴン市内を見学した。ここで気がついたのが、自動車のナンバープレートであった。外国人には読めないのである。アラビア数字を使っていない実に奇妙なプレートであった（囲み記事1参照）。

囲み記事1　ミャンマーの自動車プレート

　ミャンマーの町で自動車のナンバープレートを見かけるとちょっと不思議な、あるいはちょっとユーモラスな気分になる。それはわれわれ外国人にはわからない奇妙な文字で書いてあるからだ。算用数字を使わずにビルマ文字で書いてあるのだ。日本で言ったら漢数字一、二、

第4章 ミャンマー研修の実態　89

写真① 自家用（黒色）：4 Ga/7336、Ga はアルファベットの C

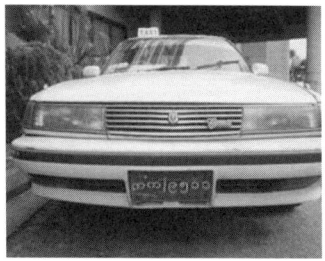

写真② 営業用（タクシー、赤色）：KaKa/9511、KaKa は AA

写真③ 営業用（バス、赤色）：2 Ga/4587、Ga は C

写真④ 宗教団体（黄色）：Thar/1040、Thar は宗教を意味する

写真⑤ 外交団（白色）：Than-14/2、Than は外交官

　三を使って標記している。単純に自国数字のほうがわかりやすいのか、国粋主義でアラビア数字を使わないのか、真偽のほどはわからない。

　ミャンマー人に聞くと、ナンバープレートの色は4種類に分かれているそうだ。自家用車は黒色（写真①参照）、タクシー（写真②参照）やバス（写真③参照）等の営業用自動車は赤色、宗教団体（写真④参照）が黄色、大使館（写真⑤参照）や国際機関（写真⑥参照）のいわゆる外交団が白色である。大使館の車は国に番号が割り振って

写真⑥　国連（白色）：Pwe′-3/34、Pwe′は機関

写真⑦　新しいタクシーのプレート（赤色）

写真⑧　外国人観光客用ツアーバス（青色）：1 Gha/2633、Gha は D

写真⑨　軍用（黒色）：☆3557（Ma）

あり、1が米国、2が英国、3がインドとのことである。因みに日本は14だそうである。よって写真⑤のプレートは右隅にある CD が外交団を意味し、14なので日本大使館の車ということになる。

　また、写真③のバスのように日本の中古車が漢字をそのままつけて走っている。上州こんにゃくとか、どこそこの幼稚園やどこやらの鉄工所といった旧姓のまま走っているのを見かけるのは、日本人には懐かしいし思わずにやりとしてしまう。日本の中古車がたくさん走っているのを見るのはどことなく恥ずかしいような、あるいは誇らしいような複雑な気分である。しかし、外国人には盗難車の番号もわからないので困ることはないのであろうか。アセアンの自由化が進み国境を各国の車が通過できるようになるとやはり混乱が生じると思われる[2]（中米共同市場を持つ中米では、各国の車は乗り入れ可能で、ナンバー

プレートも地域共通形式のものを使用している)。

(追記)
2012年9月にミャンマーに行って驚いたのは、遂にアルファベットとアラビア数字を使用したプレートが出現したことである(写真⑦参照)。新車タクシーの登録があった場合、2012年からそのようになったとのことで、これも新政権の新しい変化かもしれない。また、これは以前からあったものであるが、外国人観光客用のツアーバス(青色)と軍の車(黒色)を見かけたので追加しておく(写真⑧と⑨参照)。

4-2 ミャンマーを知る専門家の登場(2008年度研修)

2008年度はERIAも6月にジャカルタに設立されERIA研究会の立ち上げ、ERIAシンポジウム開催、ジャカルタでの諸行事等が盛りだくさんで人材養成事業までなかなか手が回らなかった。しかし12月になってやっと巡回型セミナーの準備のための出張を行った。総合タイトルを「経済統合のCLMV諸国への影響」として各国と交渉した結果、2009年1月末からプノンペン(1月28日)、ビエンチャン(1月30日)、ネーピードー(2月13日)で開催することになった。もう一つ特筆する点は、昨年の2回にわたる巡回セミナーのアンケートにおいて、1日セミナーも十分意義のあるものであるが、期間をもう少し取り集中して行う研修も必要との要望が数多く出されたのを考慮して、バンコクに各国政策担当官を呼び、1週間の日程(3日間の集中講義、1日の工場見学等スタディ・ツアー、最終日は研修生の宿題発表)によるワークショップを行うことにし

た。それを2月3日バンコク開催とし、最初の試みなので総日程4日でCLMV各国から5、6名呼ぶことにした。12月の準備出張は、ベトナム、ミャンマー、ラオス、カンボジアの順で回った。

4-2-1　ミャンマー・セミナーの準備出張

2008年12月17日にヤンゴンから空路でネーピードーに向かった。当日午後、国家計画経済発展省を訪れ対外経済関係局の人々と会談した。ドウ・ミョーヌエ局長、ドウ・ミャットミャットソー副局長ほか3人であった。局長は眼鏡をかけた一見冷たい感じのきれいな人で、頭がすごくよい切れ者官僚である。しかし会うのは2回目なのでご機嫌よく対応してくれた。

準備出張で話し合うポイントは、以下のようなものである。

　①セミナーの内容、発表テーマの適不適
　②開会式の挨拶の人選と順番
　③各セッションの司会者の人選
　④日程、時間設定
　⑤会場の適不適あるいは要望
　⑥講師陣の大臣ないし副大臣への表敬の可能性
　⑦ERIAとの共催許可
　⑧講師たちのミャンマーへの入国ビザに対する政府承認書類の依頼
　⑨バンコク・ワークショップへの参加者人選
　⑩幕張のアジア経済研究所で行う人材養成プログラムへの参加者人選

等である。結構もめるのは開会式挨拶の人選と順番である。大臣に

お願いしておいても当日突然出て来られなくなるときもあるので代理を考えておかないといけない。また共催との関係で挨拶者が複数の場合、その順番も結構難しい。これだけでたっぷり1時間くらいの

写真7　左からドウ・ミョーヌエ対外経済関係局長、ドウ・ライライテイン計画局長等

会合となる。さらに後で会場となるホテル等の下見、ホテルマネジャーとの打ち合わせも加わる。

　ところで官庁に来て驚いたのは、女性がたくさん働いていたことだ。タイ、マレーシア、インドネシアでも官庁で女性をよく見かけるがミャンマーは飛びぬけて多いように思える。しかも局長等、位の高い職に女性が進出しているのにはびっくりし、大いに尊敬した（写真7参照）。

4-2-2　第2回 ERIA ミャンマーセミナー（ネーピードー）

　2009年2月11日にバンコクからヤンゴンに行き1泊、12日にヤンゴンから講師たちと車でネーピードーに向かう。高速道路はまだすべては完成していないが（写真8参照）片側2車線で立派である。中間点で休み、ネーピードーに到着。時間は約5時間半かかった。ホテルは前回と同じロイヤルクムドゥラ・ホテルである。

　2月13日当日は8時半からセミナーが始まった。開会挨拶は前回と

写真8　ネーピードー高速道路（建設中）

同じ国家計画経済発展省対外経済関係局のドウ・ミョーヌエ局長であった。引き続き小島英太郎ジェトロ・ヤンゴン事務所長の歓迎の辞があり、木村福成 ERIA チーフエコノミストが「ERIA の現状と展望」と題して ERIA の諸活動を説明した。ERIA は、2008年6月にジャカルタに発足し、同年12月30日にインドネシア政府から国際機関としてのステイタスを与えられた。現在10本の研究が行われている。特に目玉になるプロジェクトは、「東アジア産業大動脈プロジェクト」（EAIC）である。これはホーチミン、プノンペン、バンコクを結び、ミャンマー（ダウェー）に繋げ、さらに海を渡ってインドのチェンナイ、ムンバイ、デリーと繋がるハイウェイ、海上輸送大動脈ルートである。政策提言としては、ERIA が準備研究として行った2007年度のエネルギー関連プロジェクトから、第2回東アジアエネルギー大臣会合（2008年8月）へいくつか提言がなされた。また、同年8月にシンガポールで行われた経済大臣会合においても ERIA の研究、政策提言、エネルギーと食糧安全保障に関するシンポジウム等を歓迎する旨記者会見で発表された。もう一つの柱である人材養成活動では、2008年度は、①ハイレベルの政策担当官を日本に招待する短期コース、②幕張のアジア経済研究所での2週間の研修コース、③インドでの2週間の研修コース

(ニューデリーの RIS が担当)、④バンコク研究センターを中心として現在行われている CLMV 巡回セミナー、⑤次世代リーダープログラムの5本が計画されている。最後に ERIA

写真9　ネーピードーセミナー会場

は現在研究員を募集中であると述べた。開会セッションはこれで終了し、コーヒーブレイクとなった（写真9参照）。

講演のトップバッターはヤンゴン経済大学カンゾウ学長（16研究機関のミャンマー代表でもある）で、同氏は「世界情勢と CLMV 経済」と題してまず世界の状況に大変動が起こりつつあるとして、①東西対立時代のソ連と米国の2極化から、ソ連崩壊後の米国のみの一極化、そして現在は米国の弱体化に伴う多極化が進行している、②新たな勢力として中国、インドの台頭、そしてアセアンや東アジア統合の動きが加わった、③また、気候変動の問題が出現、そして④金融危機を発端とする経済危機が襲っている。こうした状況の中で世界は新たな国際秩序を見つけようとしている。それは世界の新たな協調体制の確立、新たな組織や法律の再構築といったことが含まれる。目をアジアに転じるとアセアンの動きは急激であり、アセアンは2015年までに経済共同体をつくるところまで来ている。しかし、アセアンの先行加盟6ヵ国と新規加盟国（CLMV）には大きな所得格差（1人当たり所得で5倍）がありそれを埋めることが緊急

課題である。そのために「第1次IAIワークプラン 2002-2008」(2002年) がつくられ、優先分野の①インフラストラクチャーはカンボジア、②人材開発はラオス、③ICTはミャンマー、④地域経済統合の推進はベトナムがそれぞれ幹事役となって、格差を縮小する方策が練られている。そしてカンゾウ学長は次に各国が抱える問題とその解決のための政策を国ごとに紹介した。例えば、ミャンマーでは全体開発戦略、農業開発、中小企業対策、持続的開発イニシャティブ、エネルギー安全保障、経済統合イニシャティブ、国内インフラストラクチャー開発イニシャティブ、地方インフラストラクチャー開発イニシャティブ等が取り上げられそれぞれの対策が検討されている。2番手は山澤逸平前国際大学学長で「東アジア統合からCLM経済はいかに利益を得るか?」と題して講演した。同氏は、経済危機克服のために (イ) 東アジア諸国は「チェンマイ合意」を拡大・実施する通貨協力の必要性、(ロ) マクロ経済政策協調と統合の促進、そこでは過度な米ドル保有を止め、円や元への変換、またアジア共通通貨の模索、(ハ) 域内の需要を活かしたデマンド・シェアリング (「近隣窮乏化政策」ではない最終財の16カ国地域内取引の拡大)、(ニ) 技術協力の推進、(ホ) アジアに残る伝統的な社会的セーフティー・ネットの活用、を提案した。また、当時の麻生首相が先の「ダボス会議」で日本がIMFに1,000億ドルの融資を、また東アジアに170億ドルのODA/OOF支出を申し出たことを紹介した。両氏の発表に対して活発な質問・コメントがなされて午前のセッションを終了した。

午後のセッションは、ハンク・リム氏 (シンガポール国際問題研究所調査部長) による「中小企業開発戦略——CLMVへの影響」

で始まった。経済統合が進展するとアセアン先行国と新規加盟国の間に開発ギャップが発生する。統合の深化とギャップの解消のために中小企業は重要な役割を果たす。中小企業は生産ネットワークの中で部品供給者として機能するのみならず、統合によって生ずる利益の分配者としても機能する。よって中小企業を育成する戦略が鍵になってくる。また、今日の経済不況の中では、外国需要の停滞が著しいが、中小企業は内部需要を生みだし、産業連携を通してセーフティー・ネットを提供する。中小企業戦略は発展段階の相違によって違ってくる。所得の低いラオスのような国では、援助によって人材養成がまずなされなければならない。比較的所得の高いベトナムのような国では、目標をしっかり定めた成果達成的な中小企業政策が必要であろう。いずれにしても中小企業とそれを使う核企業（大企業）の相互作用によって持続的成長を呼び込まなくてはならないとした。次に筆者が「競争力をどうやって改善するか——産業集積とICTの利用」と題して話した。日本における産業集積を形態的に分類すると、①従来からある伝統的な特産品・名産品生産地（瀬戸物、木工品、食べ物等）、②都市周辺に見られる金属加工業の集積地（大田区や東大阪の例）、③大企業周辺に集まる下請け企業を代表とする企業城下町、④政府ないし民間によってできる工業団地集積を挙げることができる。ミャンマーでは政府が工業団地を指定し、国境貿易進展のため国境近辺にも工業団地を建設する計画があり、それらを大いに利用すべきである。特に外資の導入を積極的に行い生産技術、管理・運営技術を早く身につけ品質向上を図るべきである。また伝統的特産品に関してはタイで実践して有名になった「１村１品」運動を試してみる価値はあろう。ICTに関しては、

日本の中小企業が利用している例（ECネット、「商談上手」ネット等）を紹介した。ヤダナボンのサイバー・シティの集積例を挙げると聴衆から拍手が起きたのには驚いた。一般的に通信に関しては政府による厳しい規制の緩和が早急に求められる。

最後に高橋昭雄教授（東京大学東洋文化研究所）が「東南アジアにおける農業・村落経済の変容」と題して講演した。同教授は30年近くミャンマー農業を研究している学者でビルマ語にも堪能である[3]。同教授は、はじめに東南アジアは地形によって人口密度、農業形態が異なり、それが人種構成や政治参加、政治・社会運動等にも影響する点を指摘した。次に東南アジアでは「緑の革命」が米穀生産を飛躍的に伸ばし、その結果他の農産品への多角化が可能になった。「緑の革命」は村落も変えた。地主は化学肥料や農業機械の販売やローンの貸し手となり、農民は商業化された農業にますます組み込まれるようになった。労働需要（よって賃金）は農業の集約化と一方で機械化によって影響されるが、工業に比較して農業は生産性が低いので結果的に農民は都市に出るか、海外に職を求めて動くようになった。すなわち「非農業化」が進んだ。しかし、今回の世界同時不況は、そうした人々が農村に戻り農村が再び解雇された人々を吸収する場所となろう（「再農業化」）。食糧自給率の低下、食糧価格高騰といった現象と相まって農業の重要性は増そうが、生産性を高め、環境に考慮した新しい農業を目指さなければならないとした。高橋教授の話はミャンマー農村を熟知しているためにおもしろく、質問にもビルマ語で応えるために時間をオーバーして議論が続いた。そして閉会の辞はカンゾウ学長によってなされてセミナーを終了した。

今回のセミナーには60名が参加した。アンケート結果を見ると、44人が回答し回収率は73％であった。注目を引いたのは、①テーマも講師も大変適切であった、②こうしたセミナーを次年度も是非開催してほしい、③今まで聞いたセミナーで最も良いセミナーの一つであった（農業灌漑省からの出席者。これは高橋教授のお陰と思われる）。一方、①ディスカッションの時間を多くしてまたオープン・ディスカッションの時間も設けてほしい、②内容の豊富さから考えて2日間のセミナーにしてほしかったとの要望があった。今後のテーマとして、中小企業政策（他のCLV諸国の中小企業開発政策、日本の中小企業政策、技術政策、品質改善方法等）、農業（農村開発・地域開発、農産品のフロー分析、市場開拓、食品の安全性等）、ミャンマー経済（経済展望と政策レビュー、ミャンマー経済の強みと弱み――特に統合との関係で）、経済回廊計画の社会・経済・環境への影響、金融（証券市場、為替政策、チェンマイ合意、アジア共通通貨等）、ICT、知的所有権、環境問題、人材教育等。特に世界同時不況の影響とそれへのCLMV諸国の対応は、特に緊急の問題として取り上げてほしいとの要求があった。最後の件に関しては次回のテーマとして考えてみたい。

　なお、当日夜7時半から行われた終了レセプションには、国家計画経済発展省副大臣のトゥーラインゾウ大佐、ドウ・ミョーヌエ対外経済関係局長ならびにドウ・ライライテイン計画局長の2局長のほか約40名が出席して、セミナーの成功を祝った（写真10参照）。高橋教授はミャンマーの民族衣装を着て現れ拍手喝采となった。日本人でその国の専門家を講師に入れるとセミナーも非常に盛り上がりを見せ、この点は次回から他の国のセミナーにも応用できる手法

写真10　中央がトゥーラインゾウ大佐（副大臣）

写真11　宝石博物館

だと感じた。

　この席でドウ・ミョーヌエ対外経済関係局長から筆者に対し次回のセミナーは地方都市、例えばマンダレーにて開催するのはどうかとの打診があった。地方の公務員に対する人材育成もあるが同時に民間企業の人たちにも聞いてもらいたいとのことである。アセアンの経済統合や共同体結成、ミャンマー経済自身の置かれた立場、世界経済不況の中でのミャンマーのこれからの方向性といったものに対して、政府としてもネーピードーやヤンゴンだけでなく広く全国に広報・宣伝する必要がありそうした点に協力してほしいとの意味が含まれているものと思われた。

　翌日ヤンゴンに車で帰る前に完成したばかりの宝石博物館を見学した（写真11参照）。翡翠や瑪瑙もきれいであったが、ピンク色の真珠がとてもきれいであった。またネーピードーでは現在国会議事

堂を建設中で遠くから眺めることはできたが写真は撮ってはいけないと言われた。

4-3　地方への広報（2009年度研修）

2009年度のERIAのCLMV研修は一つの特徴があった。それは首都だけでなく地方都市においても行うということである。元来これはミャンマーのドウ・ミョーヌエ対外経済関係局長から出たアイディアであったが、ミャンマーのマンダレーならびにベトナムのホーチミンが候補に挙がった。その趣旨は、各国市場の自由化はアセアン経済共同体（AEC）結成の2015年までに準備しなければならず、官庁の政策担当官への研修も重要であるが、民間企業や地方の人々への啓蒙を行い、新しい時代への意識の切り替えが必要と考えられたからである。広範な人々への意識改革を行うためにERIAの研修を活用しようということである。こうした交渉のため6月から7月にかけてミャンマー、ベトナム、ラオス、カンボジアと回りそれぞれの担当官庁と調整を行った。その結果研修日程は、マンダレー（9月2日）、ビエンチャン（11月30日）、プノンペン（12月2日）、ホーチミン（12月4日）と決まった。またバンコクで行うワークショップはミャンマーを対象として11月9～13日に開催することになり、この年度はミャンマーの当たり年となった。

4-3-1　マンダレーセミナーの準備出張

ミャンマーへは6月23日にバンコクを出発してヤンゴン入りをした。まずヤンゴン経済大学のカンゾウ学長にお会いしてマンダレー

写真12　メイッティーラの現役馬車

セミナーの概要を話し、彼にトップバッターで話をして頂くことにした。次に旅行会社と種々のロジスティクスを相談した。マンダレーで行うため、ヤンゴンとネーピードーの参加者に対して宿泊や輸送手段を確保しなければならないからである。ネーピードーからは公務員を約20人マンダレーに招待することとしてバスを仕立てることにした。

　6月24日に車でヤンゴンからネーピードーに向かう。途中で休憩を入れて約6時間でネーピードーに午後1時に到着。ホテル地区のティンガハ・ホテルに入る。2時に国家計画経済発展省で会議を行う。ドウ・ミョーヌエ局長以下常連の人々と会話が弾む。ネーピードーからマンダレーに行く政策担当官や事務要員の人選をお願いする。また各省庁のマンダレー管区事務所にも連絡を入れてセミナーに参加するよう依頼する。さらに11月にバンコクで行うミャンマー・ワークショップへの公務員20人の人選もお願いする。ドウ・ミョーヌエ局長はミャンマーが今年はERIA人材養成活動において脚光を浴びているのでご機嫌であった。

　翌日25日朝7時にネーピードーを出発、車でマンダレーを目指す。途中メイッティーラで休憩した。湖のある町で鄙びているが（写真12参照）、太平洋戦争末期にここで英軍と日本軍の戦いがあり日本

が敗れた激戦地だったそうで毎年日本から関係者が慰霊に来るとのことであった。12時半にマンダレーに到着してマンダレー・セドナホテル（ヤンゴンのセドナホテルと同系列、シンガポール資本）にチェックインした。

午後3時にマンダレー管区商工会議所（MDCCI）に会う約束を入れてあったので出かける。マンダレーの繁華街は何となく垢ぬけていない

写真13　マンダレー市街

写真14　マンダレー管区商工会議所の皆様と

が活気がある（写真13参照）。マンダレー市場のある混雑したビルの3階に到着すると商工会議所会員の10人ぐらいの人々が出迎えてくれてびっくりした（写真14参照）。会頭はウ・アウンウィンカイン氏で会うとすぐネルソン・ホンと呼んでくれという人懐っこい方だった。こちらから9月2日にセドナホテルで「グローバル経済不況とCLMV諸国」というセミナーを行うといって趣旨やERIAの説明をして、会員に呼びかけてなるべく多くの人に広報して頂きた

写真15　マンダレー王宮

写真16　マンダレーヒルからの眺望

いと頼むとすぐ快諾してくれた。またセミナーの閉会の挨拶もお願いした。会頭は、マンダレーは昔から商業都市として栄え、現在でも中国とインドの結節点として経済的に重要な位置を占めていると説明してくれた。本人はシャン州出身の中国系と言い、副会頭も中国系でマンダレーは中国系の商人が多いと述べた。余談であるがその夜「ナゴヤ」というカラオケ店に行ったが歌の歌詞がほとんど中国語だったのには驚いた。一説によるとマンダレーの住民は約4割が中国系との説もあるそうだ。

　翌日は、午前中は部屋で仕事をし、午後市内を散策した。ホテル前に堀に囲まれた広大な敷地があり王宮跡とのことである。19世紀半ばまでここにはコンバウン王朝（英国に滅ぼされたミャンマー最後の王朝）があり王宮があった。しかし太平洋戦争末期に焼失し、1990年代に再建された美しい建物である（写真15参照）。また王宮

の近くに小高い丘もあり、マンダレーヒルと言われている。登ってみることにした。中腹からエレベーターで登れ、上には寺院があった。写真撮影にお金を取るのは納得がいかなかったが、丘の上からの景色は確かにきれいで360度マンダレーが俯瞰できる。西にはエーヤーワディ川も見えた（写真16参照）。

写真17　マンダレー飛行場

写真18　ヘホー飛行場

　6月27日にマンダレーを立ちヤンゴンに戻ったが、マンダレー飛行場は市街から非常に離れていて車で1時間半ぐらいかかった（写真17参照）。この飛行場建設は中国が援助したとのことであった。またヤンゴンに戻る途中、飛行機はシャン州のヘホーに寄った（写真18参照）。ここはインレー湖で有名なところである。与作みたいだなー（ヘイヘイホー）と皆で笑った。

4-3-2　第3回 ERIA ミャンマーセミナー（マンダレー）

　今回の ERIA セミナーのテーマは、要望の多かったリーマン・ショック以降の世界経済不況を取り上げその CLMV 諸国への影響を考えることにした。9月2日にマンダレーのセドナホテルには、93人の聴衆が集まり大盛況であった。その内訳はネーピードー・ヤンゴンからの中央官庁出席者26名（ドウ・ミョーヌエ局長、カンゾウ・ヤンゴン経済大学学長のほかに国家計画経済発展省から4名、教育省2名、農業灌漑省2名、商業省3名、財政歳入省3名、第1工業省2名、第2工業省2名、ミャンマー工業開発促進委員会2名、対外経済関係局の事務局スタッフ4名）、マンダレー管区商工会議所（MDCCI）メンバーおよび民間人が44名、マンダレー地区官公庁ならびに大学教師23名（大学ではマンダレー大学4名、モンユワ経済大学2名、メイッティーラ経済大学2名、ヤダナボン大学2名）であった。カンゾウ学長が脚を捻挫したそうで松葉杖姿で現れたのには驚いた。

　開会の挨拶はいつものようにドウ・ミョーヌエ局長が行った。局長は、今回マンダレーでセミナーが開催できたことに関して主催者の ERIA に感謝する。またその実現に向けて協力したジェトロ・ヤンゴン事務所、バンコク研究センターに同様に感謝したい。ミャンマーは2015年のアセアン経済共同体（AEC）結成に向けて準備をしなければならない。AEC は統一市場、統一生産基地を目指しているがその目的やアセアン各国がどう動くかはまだはっきりしない。特にミャンマーでは人々の意識改革が必要である。そのため国家計画経済発展省は AEC の行程表に関し理解を深めるセミナーを

企画している。ERIAもミャンマー国民の意識改革に協力して頂きたい、と述べた。開会式の記念講演はカンゾウ学長が「世界経済不況とCLMV経済」と題して次のように講演した。金融危機から始まった世界同時不況はアジア諸国にも影響を及ぼした。実物経済では先進国の消費が落ち込んだことにより輸出依存度の高い国ほど影響が出ている。不況はアジアの失業率を増やし大きな社会問題となっている。また、外国への出稼ぎ労働に依存している国でも外国送金の流入減、失業者の帰国等で国内の失業率も増えるという悪循環を起こしている。ただし、CLMV諸国に目を転じるならば世界不況の影響は比較的軽微といえよう。まずこれら諸国の金融機関はまだ世界の金融機関に組み込まれていないこと、これら諸国の近年の経済成長率は高く推移したので若干の景気後退は乗り切れることなどである。しかし、カンボジアは若干様子が違う。カンボジアの輸出依存度は高くなかでも繊維・縫製がヨーロッパや米国市場に強く依存しているためそれら諸国の消費減は直接カンボジアの同産業に影響する。2009年の経済成長率はマイナスに落ち込むとの推計もある。全体的にはアセアンが経済停滞を乗り切るためには、(1) 域内のますますの統合推進、(2) 失業者を吸収する農業の役割の再評価が求められている。

コーヒーブレイクの後、大阪大学大学院国際公共政策研究科の高坂章教授が金融の動きを「世界金融危機と金融統合下の東アジア」と題して講演した。まず実物経済と金融経済はコインの表裏一体関係になっている。経常収支のギャップは貯蓄・投資ギャップと等しい。経常収支が赤字の国は投資が貯蓄より多い（投資過剰）。一般的に東アジアでは経常収支が大幅な黒字、一方米国は経常収支が大

幅に赤字である。それは東アジアでは貯蓄過剰、米国では投資過剰を意味している。よって東アジアから資金が大量に米国に流れて米国の資金不足を補っている（米国の財務省証券を中国、台湾、日本等が大量に保有）。今回の金融危機は（1）古いバブルと新しい金融商品の出現（securitization）という二つの要素が組み合わさって発生した。（2）こうした危機は今後も避けがたいと思われる。よって（3）発展途上国は資本市場の自由化に慎重に対処する必要がある。具体的には、金融市場の開放は、①まず外国直接投資の呼び込み、②融資の取り込み、③ポートフォリオ投資（債券・証券投資）の順番で徐々に行うべきである。また、東アジアは貯蓄過剰なのでもっと投資を増やす必要があり、公共投資を不況対策として大胆に行わなければならない。続いてシンガポール国際問題研究所研究部長のハンク・リム氏が「世界経済危機とCLMV中小企業への影響」と題して次のように語った。世界不況は世界の経済地図を変えた。力の転換が起きており、欧米から東アジアにシフトしている。東アジアでは最終需要を増やすために経済統合は「べき」（must）になった。生産面ではどこの国でも中小企業の役割は重要であり、その育成が課題である。そのために政府開発援助（ODA）を活用することを推薦したい。東アジアではアジア開発銀行（ADB）があり、資金は潤沢である。さらに「アジア共通基金」をつくる案もある。日本や中国のODAも利用できる。またソフト面ではERIAを含めて良いシンクタンクがあるのでそれらをうまく活用すべきである。特に人材養成が重要である。人々の意識、固定観念（mind-set）を変えなければならない。ODA利用には二つの重要な注意点がある。（1）ODAはある一定期間継続して流れるようにすべきである、（2）

ODA利用に関して省庁間、中央と地方、政府・民間・研究機関等の協力・協調関係の維持が大切である。

そして昼食になったが昼食時間を利用してERIAから来た企画調整課長の上坪雄之氏がERIAの現状について解説した。

午後のセッションは、バンコク研究センターのシニア研究員石田正美氏が「CLV諸国の開発」と題してカンボジア、ラオス、ベトナムの開発状況を説明した。同氏はこれら諸国を何度も訪れ特に国境経済の進展に詳しい。経済開発のための条件は成功した国の例から（1）豊富な人口（特に首都において）、これは労働力の供給を保証し、また消費市場としての需要面も重要である。（2）よい港に近いことしかもアクセスがよいこと、これは輸出立国として不可欠。（3）工業団地、ないし工業集積の存在。さらにこれに加えてCLV諸国では（1）陸送の発展を促進する、（2）国境地域の利用、（3）ジャンクション（結節点）としての位置利用、が挙げられる。次に現地視察の経験から実際の例として、バベット（カンボジア）、ルアンナムタ（ラオス）、ホーチミン（ベトナム）を紹介した。最後にマンダレーは、中国貿易とインド貿易の要の位置（ジャンクション）として重要であり今後ますます発展の可能性を秘めている、と述べた。

次に東京大学東洋文化研究所の高橋昭雄教授が「世界経済不況と農業」と題して講演した。内容は、昨年から今年にかけて起きた世界経済の変化は農業も例外ではない。農産物価格の乱高下は農産物が世界経済に組み込まれたことを意味する。特にあり余った資金が農産物市場に流入するようになったことである。石油価格の上昇はそれ自身が投機の対象となったが、バイオ燃料の出現によってそれ

写真19　マンダレーセミナー会場の討論風景

を原料とするトウモロコシ、砂糖キビ、アフリカ椰子（オイルパーム）等も投機対象になった。こうした世界経済の変容を受け農業、農村も変化した。少し昔は「離農」が心配されて農業はどうなるのかといわれたが、価格変動や不景気の影響で今や「帰農」が社会的セイフティ・ネットワークの要として議論に上がるようになった。先進国の不景気で雇用を失った外国人労働者の本国帰国はこうした動きに拍車をかけている。しかし考えてみるとこうして先進国でなんらかの技術を身につけた人々の農村回帰は歓迎すべきことでもある。帰農を利用して村落の再生、再活性化を図ることが可能である。しかも最近の農村は職業も非常に多様化している、とした。

　講師たちの講義とそれに対する質問のほかにセミナー全体に対する質問・回答（Q＆A）セッションが設けられ、活発な議論が展開された（写真19参照）。なおカンゾウ・ヤンゴン経済大学学長は、開会セッションでCLMV諸国全体の現状を解説したほか、午前と午後のセッションの司会を担当し講演者の内容を簡単に要約して聴衆のためにビルマ語で解説し、セミナーをよりわかりやすいものにしてくれた。松葉杖で大変にもかかわらずヤンゴンからはるばる来てセミナーのために骨身を惜しまず協力して頂いたことに感謝した

い。また、マンダレー管区商工会議所会頭は海外出張中とのことでウ・ソーミン副会頭が代理で、こうした有意義な試みがマンダレーで行われたことに対してすべての関係者に感謝する旨の閉会の挨拶があった

アンケート結果を見ると、回答は44人、回収率47.3％であった。セミナーの一般的評価は、ほとんどがマンダレーでこのようなセミナーが行われたことに満足する回答であった。次回のテーマとして期待されるものとして、(1) 経済統合の実態、(2) AECの中身、(3) 中小企業政策、(4) 電子商取引、(5) ロジスティックス、(6) 技術移転、(7) 農産品加工業、(8) 有機栽培農業、(9) 人材養成、等であった。要望として (1) ERIAは (EUのように) ミャンマーを見捨てずこうしたセミナーを毎年行ってほしい、(2) 次回はヤンゴンで開催してほしい (工業省の2名から) 等があった。

全体として地方都市で行ったセミナーに民間を含め100人近い参加者が来てくれて、また内容にも満足して頂き成功であったと言えよう。今回のミャンマーセミナーに関しては準備も大変であり、筆者自身も準備出張でデング熱 (囲み記事2参照) になるというおまけまでついたが滞りなくできて安堵した。

囲み記事2　デング熱に罹る

　熱帯の病気にデング熱がある。病原菌 (ビールス) は熱帯縞蚊が媒介すると言われている。蚊に刺された後、潜伏期間は1週間から10日で発病し、高熱が続く。治療法は今のところない。ベッドに寝てじーと安静にするしか方法はない。高熱で物が食べられないので急速に体重が減る。リンゲル液を打ってただただじーっとしているだけである。

（内臓の）出血性のものは命を落とすこともあり、熱帯、亜熱帯地方では非常に恐れられている。日本には一時期沖縄のあたりまで北上したことがある。温暖化になれば熱帯縞蚊が日本本土にも来襲し危ないといわれている。

2009年の準備出張でミャンマー、ベトナム、ラオス、カンボジアを訪問して、バンコクに戻ったらすぐに高熱に見舞われた。潜伏期間から判断してミャンマーで蚊に刺されたようだ。バンコクの名病院の一つといわれるバムルンラード病院に行く。とりあえず血液検査をして抗生物質をもらう。2日経っても40度近い高熱が下がらないので再度病院に行くと血液検査結果からデング熱の疑いがあると言われて（血小板が急激に減少）、即入院となった。1人部屋がなく2人部屋に入る。ドイツ人が先客としていた。とにかく熱が高く節々が痛いのでじーっとベッドに寝ている。何も食べる気がしない。リンゲル液の入れ物と管が腕に付いているのでトイレに行くときが大変である。輪の付いた柱状のリンゲル容器を引っ張って移動する。次の日に目が覚めると隣人のドイツ人はいなかった。1人部屋が空いたのでそちらに移ったとのこと。

次の日に空いたベッドにミャンマー人が入った。胃がんということだ。大家族で来て皆一緒に病室にいる。そのうちに洗面室で料理を始めたのには驚いた。家族も床に布を敷いて寝、騒ぐのでさすがにその夜は眠れなかった。5泊して退院したが、リンゲルのみで食事らしい食事ができなかったので、なんと5kgも痩せてしまった。家で3日間ばかり静養してやっと職場に復帰した。

その後、ネーピードーに行ったときにデング熱の話で盛り上がった。ネーピードーにはマラリアはあってもデング熱はないという。マラリアはハマダラ蚊がマラリア原虫を媒介する。ミャンマー人に言わせるとマラリアが発生するところには、カラスがいない、またチークの木の花が咲くそうだ。そういえばネーピードーでは、ヤンゴンにたくさんいるカラスを見たことがない。また、ミャンマーの軍人は、軍の関係会社がつくる「アーミー・ラム」を飲めば絶対にデング熱に罹らな

> いという言い伝えがあるようだ。早速帰りに特別ルートで1本手に入れた。
>
> デング熱にはワクチンがなく、治療法がない。マイクロソフトのビル・ゲイツ会長は巨額の寄付をしてデング熱のワクチンづくりに貢献していると聞いた。はやく治療法が見つかるとよいと思う。

4-3-3　公務員の改革への本気度

セミナーが終わった後、ホテルにおいてレセプションが行われた。そのときドウ・ミョーヌエ局長は、バンコクで11月に予定されているERIA主催ミャンマー対象集中ワークショップにかなり期待しているようで、バンコク開催そのものは大臣からすでに内諾を得ているとのことであった。さらに内容的に局長は競争政策、工業所有権、消費者保護等に関心があることを述べた。これを聞いて筆者は驚いた。確かにアセアン経済共同体づくりの行動計画には入っている課題であるが、内容的にはかなり高度の問題で一般的には発展がかなり進んだ段階で議論されるテーマである。もちろんこうした問題を開発の初期の段階から考慮しておくのは大切であるが、さてこれをいかにERIAのセミナーに入れ込むのか頭の痛い宿題を負ったことになった。逆に言うとミャンマーの公務員たちは非常に真剣に同国経済の開放、自由化を考えており、軍政下といえどもアセアン統合に合わせてミャンマーも同一歩調を取ろうとしていることの証左でもあった。

局長クラスの人間がこうしたことを考えていることがわかり、ミャンマーの自由化はもはや後戻りすることはないと強く確信した次

第である。また別の筋からも政府内では種々の研究会やタスクフォースが結成され、勉強や研鑽が進んでいると聞かされていた。ミャンマー公務員の本気度は真実である。そこで筆者はまず「競争政策」を取り上げようと考えた。ミャンマーに来てさまざまな人々と話しているとミャンマー製品には競争力がないので外国産品に市場を独占されてしまうのではないかと非常に心配しているからである。市場を開放し同時に国産品に競争力をつけなければならないが、その際しっかりした仕組み（法律、施行・監視体制）が必要である。それは正に競争政策の確立である。

4-4　バンコク・ミャンマー・ワークショップ

バンコクにおけるワークショップは、1日セミナーと違いじっくり時間をかけテーマについて勉強し、討論も長く行いしっかり理解する（最初の3日間）と同時に自分の国についてもそのテーマに関して復習しなおし、皆の前で発表する（最終日）という形態で行う。また、タイの実態を見てもらうために、タイの官庁や民間企業を見学して見聞を広めることを意図したスタディ・ツアー（4日目）を含めて1週間バンコクに滞在するというものであった。2008年度はCLMV各国から研修生を呼んだが、2009年度から1カ国ずつ招待することにして、まずミャンマーであった。課題設定はアセアンの動き、ミャンマー自身の自由化、今までのセミナーにおけるアンケート結果による希望テーマ等を勘案して (1) 貿易・経済統合、(2) 競争政策を含む日本の発展経験、(3) ICT、(4) 中小企業政策、(5) 農業開発の5コースとした。

表16 バンコク・ミャンマー・ワークショップ出席者リスト（2009年11月9～13日）

	研修生氏名	勤務先・役職
1	Daw Hnin Sanda (Ms.)	商業省、農産品取引、マネジャー
2	Aung Min Thyke (Mr.)	商業省、国境貿易局、課長補佐
3	Dr. Khin San Yee (Ms.)	教育省、ヤンゴン経済大学、副学長
4	Daw Marlar Myo Nyunt (Ms.)	教育省、ヤンゴン経済大学、経済学部、講師
5	Htwe Htwe Aye (Ms.)	財政歳入省、中央銀行、首席調査官
6	Tin Maung Aye (Mr.)	通信・郵便・電信省、特別業務オフィサー
7	Soe Aung (Mr.)	通信・郵便・電信省、情報技術局、副首席エンジニア
8	Soe Soe Khaing (Dr.)	科学技術省、ヤンゴン・コンピュータ大学、準教授
9	Zaw Min Oo (Mr.)	情報省、ニュース・雑誌企業担当、総務マネジャー
10	Shwe Sin Thaung (Ms.)	第1工業省、工業局工業部、課長補佐
11	Yi Yi Kyaw (Ms.)	第2工業省、工作機械・電気産業部、次長
12	U Mya Than (Mr.)	協同組合省、家内工業局、課長
13	Mya Mya Kyaw (Ms.)	第2工業省、工業計画部、課長
14	Hla Kyaw (Mr.)	農業灌漑省、農業計画局、次長
15	Theingi Myint (Dr.)	農業灌漑省、イェジン農業大学、農業経済学部、講師
16	Sai Ba Nyan (Mr.)	ミャンマー商工会議所連盟、中央理事会メンバー
17	Tin Maung Win (Mr.)	ミャンマー商工会議所連盟、共同議長
18	Khin Maung Latt (Mr.)	国家計画経済発展省、計画局、次長
19	Thainghe Aung (Ms.)	国家計画経済発展省、計画局、課長補佐
20	Khin Hla Thein (Ms.)	国家計画経済発展省、計画局、課長補佐
その他		
21	Lwin Oo (Mr.)	国家計画経済発展省、対外経済関係局、次長
22	Kyaw Soe Thein (Mr.)	国家計画経済発展省、国家NAFTAユニット、課長補佐
23	Aung Myint Oo (Mr.)	国家計画経済発展省、大臣室、室員
24	Mya Zin Oo (Mr.)	ジェトロ・ヤンゴン事務所

出所：バンコク研究センター資料より。

　講師は、貿易・経済統合コースをチュラロンコン大学経済学部長ティーラナ・ボーンマカパット博士、競争政策と日本の経験コースを筆者と公正取引委員会事務局官房人事課課長補佐の大矢一夫氏、ICTコースを兵庫県立大学応用情報大学院の辻正次教授、中小企業政策コースをシンガポール国際問題研究所調査部長のハンク・リム博士、農業開発コースを東京大学東洋文化研究所の高橋昭雄教授

にお願いした。大矢氏に関しては経済産業省の推薦を受けて筆者が東京に10月に出張し、公正取引委員会事務局でお会いして交渉した経緯があった。

ミャンマーからはミャンマー人24人が参加した（表16参照）。研修生は20人で政府政策担当官、大学教官、ミャンマー商工会議所連盟幹部等であった。ほかに国家計画経済発展省から事務担当として3人、ジェトロ・ヤンゴン事務所から小島所長を含む2人が参加した。

4-4-1　研修内容

2009年11月8日にバンコクに入った研修生は、バンコク研究センターに近いホテル兼会場となるグランドセンターポイントに到着した。11月9日より3日間の集中講義による研修が始まった（写真20参照）。朝8時45分から夕方6時までのハード・スケジュールである。ティーラナ教授は、最近の貿易における特徴から話し始めた。グローバリゼーションにおいて貿易も進化している。生産過程を分割して低費用で生産できるところに移すフラグメンテーションやサプライチェインの国際化による域内貿易の活発化等である。次に理論を紹介した。比較優位論やリプチンスキー定理、サミュエルソン・ストルパー定理などである。統合に関しては、最近の経済統合の動き（WTOを中心とした多国間に対して2国間ないし複数国間の自由貿易協定の動き等）、アセアン域内の動き、今後の展望などである。

筆者は、第1部で戦後における日本の経済発展の軌跡を解説した。ここでは全国に2万4,000以上ある郵便局が集める貯金が日本のインフラストラクチャー建設に貢献した特別会計の仕組みを紹介した。

第2部で特に国営企業の民営化（国鉄や日本電信電話公社等）の話をした。ミャンマーでもこれから起きてくる問題だからである。特に民営化のタイミングと時期の問題を取り上

写真20　バンコク・ワークショップ会場

げた。不況のときに民営化をすると民営化で職を失う労働者を吸収できないからである。大矢氏は、競争法とその執行機関の話をした。長期的には競争法と競争政策を有する国が経済発展も高いことを示し「競争なくして経済成長はない」と断言した。次に日本の公正取引委員会の活動を紹介した。独占禁止法は日本では1947年に制定され、種々の独占行為を禁止している（新規参入の妨害、市場からの追い出し行為、カルテル形成、談合、抱き合わせ販売、再販価格、下請けいじめ、株式・役員による会社乗っ取り行為等）。違反した場合の罰則や最近の事例等も紹介された。

　辻教授は情報・通信の基礎を講義した。ICTはインフラストラクチャー（ブロードバンド等の施設）、プラットフォーム（機構、法制度）、アプリケーション（教育や医療への応用）から成っている。このどれが欠けても奏功しない。電話回線を利用したDSL/ADSLは発展途上国では有効なインターネット利用法である。日本はユビキタス・ジャパンを目指しているので光ケーブル網（FTTH）が盛んである。次に先生の経験から遠隔教育におけるICTの利用（大

阪大学とタイのタマサート大学を結んだ授業のケース)、医療における利用、中小企業におけるネットワーキングの事例等が紹介された。ハンク・リム博士は中小企業の育成が、雇用増、為替安定化(貿易黒字を増やして)、税収の増加に役立ちその結果、経済成長に貢献するとしてその重要性をシンガポールにおける豊富な実例を示して説いた。そして、新規加盟国のCLMV諸国では資金が不足しているので中小企業の育成に外国の政府開発援助が必要であり、それはしっかりと基準化され、協調的、包括的、なおかつ一定期間持続的な援助でないといけない。一方、中小企業自身は、ネットワーキング、サプライチェイン・マネジメント、クラスタリングを行いそうした中で自分の居場所を確立すべきである。中小企業のもう一つの重要な役割は、不況期に中小企業は社会的救済メカニズムを提供することにある。最後に自由化にあたっては、政策のタイミング、スピード、順番が重要であり、資本の開放は漸進的にまた財・サービスの自由化の後でよいと種々の国の例を示して解説した。

　高橋教授は、農業開発のキーワードを最初に解説し、次に日本の農業発展、そして東南アジア農業経済の現在までの変容と3部作で講義した。キーワードでは農業における基本的な概念が紹介された。土地、土地の所有形態、雇用、価格、市場開拓、金融、協同組合、農産品加工、環境、食糧安保等である。日本の農業発展では明治以降の農業発展が詳細に語られた。東南アジア農業経済の変容では、緑の革命が時代を象徴する出来事として紹介された。その後の農村は二期作、機械化、化学肥料の使用、灌漑等によって変容し、それは「非農業化」を急速に進展させた。しかし、1997/98年のアジア金融危機や最近のリーマン・ショックによる不況の発生は、職を失

った人々に対して農村のショック・アブソーバー機能を再認識させ、新たな農業再活性化が進むであろうと指摘した。

11月12日はスタディ・ツアーを行った。ドンムアン空港の北にできた国立科学技術開発庁の技術管理センター（TMC、通称「タイ科学公園」）、同センター内にある民間農産品加工会社BETAGROの研究部門（写真21参照）、

写真21　ベタグロ工場見学

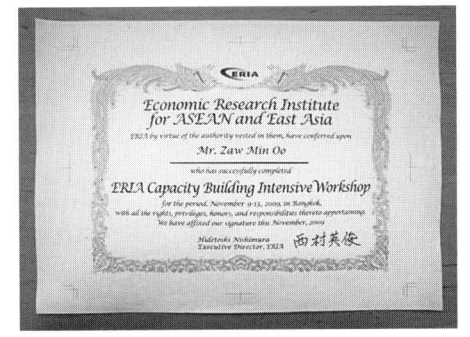

写真22　ワークショップ受講証

タマサート大学ランシット・キャンパス、タイ投資委員会（BOI）の見学をした。

最終日の11月13日は研修生による発表である。20人の研修生は講義に応じて5班に分けられ、テーマに応じたミャンマーの現状についてそれぞれ発表を行った。このときに今まで知られていなかった同国の資料が発表されわれわれはミャンマーの変化に驚いたのである。これらのいくつかの資料はすでにこの本のミャンマー経済の概要のところで説明した。最後にハンク・リム博士によるワークショ

ップ全体の要約と講評がなされ、引き続き修了式が行われた。研修生全員にバンコクで準備したERIA西村英俊事務総長の漢字のサインが入ったコース修了証が手渡され（写真22参照）、最後に全員による記念写真の撮影を行ってワークショップは終了した。

4-4-2　ワークショップの全体的評価

まずこのワークショップのアンケート結果であるが、全員が回答してくれて回収率は100％であった。一般的評価としては、このERIAによるワークショップは、よく組織され、講師の人選、講義内容も十分満足できるものであった。これから国に戻り学んだことをそれぞれの職場で役立たせたい。こうした取り組みを行ってくれたERIAに感謝したい。またスタディ・ツアーは、タイの国をあげての研究・開発（R＆D）の様子がわかり大変勉強になった。一方、スケジュールがきつくて大変であった。授業の時間帯を8：45〜18：00でなく8：00〜17：00にしてほしい。また、スタディ・ツアーに生産工場が入っていると参考になった（これについてはバンコク研究センターも当初タイ味の素工場を選び交渉したのであるが最終段階で断られた経緯があった）。

われわれもスケジュールについては心配したが、研修生全員がよく頑張ってこなしてくれた。研修生は非常に熱心で勉学意欲が強く、質問も活発にあり全体的によいワークショップであったといえよう。このワークショップは、マンダレーのセミナー開催も含めミャンマー政府との交渉が大変であったが特に問題も発生せず無事に終了したことは幸いであった。

4-5　山の上ホテル（2010年度研修）

　2010年度研修に際しては、講師に現地を知っている人を含めること、あるいは直接当該国の専門家に話してもらうこと、地方都市でも開催すること、現地に密着した興味あるテーマを選ぶこと、バンコクのワークショップは継続等を心がけて行うことにして6月にベトナム、ラオス、カンボジア、ミャンマーと準備のための出張を行った。その結果、ネーピードー（9月14日）、ハノイ（10月1日）、カンボジアのシェムリアップ（10月4日）と日程が決まり、バンコクでのワークショップはラオスの公務員を対象に11月1～5日に行う予定になった。今回の準備出張では、セミナーの演題についてより具体的な要望が挙げられた。例えば、国境におけるワン・ストップ・サービスの立ち上げとその実態、関税コード分類の中身、原産地規制の実態、相互認証制度等であった。2015年のアセアン経済共同体に向けて各国が行程表に基づいて自由化、円滑化を行っていく過程でより具体的でテクニカルな事実を知りたいというCLMV側の要求と思われ、われわれもセミナーにおいてどう対応していくか、一つの問題点が浮かび上がったといえる。

　この年はどういうわけか種々の動きがあった。ERIA設立に尽力し、同研究活動を初めから主導したインドネシア戦略国際問題研究所のハディ・スサストロ博士が5月初めに病気のためお亡くなりになった。同氏はERIAの初代学術評議会議長であり、バンコク研究センターが幹事をする地域研究機関ネットワーク会合（RINM）の議長でもあった。後任にわれわれもよく知っているシンガポール

国際問題研究所のハンク・リム博士が就任した。またミャンマーにおいても国家計画経済発展省対外経済関係局のドウ・ミョーヌエ局長が定年退職し、新たにドウ・ミャットミャットソー局長が就任した。さらにタイではタクシン派（赤シャツ）と反タクシン派（黄シャツ）の対立が激化し5月に頂点に達してわれわれの事務所前も赤シャツ隊に占拠され、事務所機能の臨時移転や、住んでいるアパートも危険だということで筆者も含めて何人かはホテル住まいをするといった事態に陥った。

4-5-1　ミャンマーへの準備出張

6月13日にヤンゴン入りをした。ドウ・ミョーヌエ局長が退職してヤンゴンに住んでいると聞いたのでさっそく連絡をとり翌日の昼食をご一緒することになった。14日の昼食会はカンゾウ・ヤンゴン経済大学学長もお呼びしてセドナホテルの中華料理店で行われた。ドウ・ミョーヌエ前局長は大役を果たして清々したという感じでにこにこしていた、スーチー氏をよく知っているとのことであった。われわれは今までの前局長のご尽力と助言に感謝の意を述べた。彼女からはERIAのセミナーは継続することに意味があり、続けてほしいとの意見表明があった。これから大学で教えたいといってカンゾウ学長を振り返っていた。

ネーピードーに15日に車で向かった。高速道路は完成していてネーピードーから115マイルのところに休憩用のレストラン等が立ち並ぶ道の駅ができていた。そこで休んだが約5時間でネーピードーに到着した。ネーピードーの高速出口に201マイルという道標が立っていたのでヤンゴン～ネーピードー間の高速道路の距離は

322kmということになる。

16日は朝から国家計画経済発展省を訪問した。最初にトゥーラインゾウ副大臣を短時間表敬訪問した。そして対外経済関係局の皆さんと

写真23　緑多いヤンゴンの風景

セミナーについて協議をした。新しいドウ・ミャットミャットソー局長にもお会いした。今回の協議ではセミナーの場所を新しくできたホテルでしてほしいとの要望が出された。そのマウント・プレザント・ホテルはネーピードーのホテル地区ではなくて郊外の山の上にあり眺望がよくて評判のホテルということであった。われわれはホテル地区のティンガハ・ホテルとマウント・プレザント・ホテルの両者の会場見学と見積りを取ってみて決めることにした。また今回の目玉はジェトロ・ヤンゴン事務所がミャンマーの縫製品をバンコクのクロントイ港に陸送する実験を行ったが、それを所長の小島英太郎氏が発表することであった。ミャンマー側も高い関心を示した。

　翌日ネーピードーからヤンゴンに戻った。ところでヤンゴンを何度も訪れたが、ここの町は落ち着いていて非常に居心地がいい街である（写真23参照）。セドナホテルの前にはインヤー湖があり緑も多い。ほとんどの人々は、一見貧しく腰にロンジーという布を巻いている。足は裸足でゴム草履かサンダルがほとんどである。一部の

写真24 ボーヂョーアウンサン市場

女性は顔に白いおしろいのような粉を丸くつけている。これはタナカーというらしい。柑橘系植物の木の粉末で皮膚を守るクリームのようなものだ。上座部仏教の影響なのか柔和な顔が多く性格も穏やかである。僧侶も多く、タイの黄色がかった僧衣と違い濃い柿色の衣を纏っている。ヤンゴンは寺院や仏塔（パゴダ）の多い街である。なかでもシュエダゴン・パゴダは有名である。ほかにもスーレー・パゴダ、ボータタウン・パゴダ、チャウッターヂー・パゴダ（寝仏）等いろいろある。ボーヂョーアウンサン市場は観光客がよく訪れる買い物の場所である（写真24参照）。全国の民芸品やお土産を売っている。しかしここで、ミャンマーの歴史と深い文化に触れたのは、骨董品屋であった。長い間探し求めていたオピウム・ウエイトにやっと巡り会ったのである（囲み記事3参照）。

　ヤンゴンでは停電が多いと聞いた。これは発電量がもともと不足している上に、軍事政権によってネーピードーに優先的に配電しているからだと言われている。ミャンマーでは本年11月に総選挙が予定されており、その後どうなるか世界の注目を集めているのが現状である。

囲み記事3　オピウム・ウエイト

　かつて、研究所でタイに駐在したことのある同僚からオピウム・ウエイトの話を聞いた。これはアヘンを量るときの錘で骨董的にも非常に価値のあるものらしい。タイに行ったら是非購入しなさいと言われた。実際にタイに住んでみると今ではなかなか売っているところを見つけるのが難しい。品薄になっているために値段も非常に高くなっていた。もともとはミャンマーが発祥の地らしいので、ミャンマーに行けばあるのではないかということで、ミャンマーに行くたびに骨董品屋をあたってみた。ありました。ありました。16～19世紀に秤の錘として使われたようで必ずしもアヘンだけを量るために用いられたわけではないようだ。

　錘は青銅あるいは真鍮製で形も、ヒンタ（hintha：アヒルに似た伝説の鳥、モン王国の紋章）、象、牛や馬に似た動物（toe：チベット雄牛とも呼ばれる）、鶏、蛇、亀、魚とさまざまな種類がある。ヒンタが一番ポピュラーである。ヒンタには餌を咥えたものや雛に餌を与えるヒンタもある。重さはビス（viss）、ティカル（tical）を用いる。1ビス＝100ティカルで約3.5ポンド（1,586g）、錘は9種類が基本で50、20、10、5、2、1、2分の1、4分の1、8分の1ティカルである。1ティカルは約16gに相当する。台座は、初期は丸型やかぼちゃ型、それから長方形、六角形、八角形もある。公式の錘として度量衡に用いられた時期もあり、政府公認の印が台座に刻印されているものがあ

写真⑩　ヒンタの錘　　　　　　　　写真⑪　象の錘

写真⑫ 半円形のケースに入ったチベット雄牛

る。開いた花火のような花弁型や何らかの形の認証がつけられている。これらの錘は、19世紀末、英国の統治下では徐々に鉄製のものに替わっていってしまったようだ。

ヤンゴンのボーヂョーアウンサン市場の骨董品屋やバガンに行ったときに購入したものは、ヒンタや象であった。また、チベット雄牛も半円形の木箱に入ったセット8体で手に入った（写真⑩、⑪、⑫参照）。本物かどうかはわからない。しかしいくつかの台座には花弁の刻印が付いている。錘を磨くときは何がよいのかと聞いたら、一番よいのは古い遺跡の日干しレンガの粉がよいといって、欠けたレンガ片を2、3個おまけにつけてくれた。

4-5-2 第4回 ERIA ミャンマーセミナー（ネーピードー）

われわれはジェトロ・ヤンゴン事務所の関係者とともに9月13日にネーピードーに入った。今回は要望の多かった山の上のマウント・プレザント・ホテル（写真25参照）が会場である。早速会場のチェックを行った。ネーピードーからちょっと離れているのと交通手段が車しかないので集客にちょっと心配があった。

9月14日8時45分からセミナーは始まった。セミナーのタイトルは「ミャンマー経済展望――新しい時代」であった。「新しい時代」はミャンマー側の要請で入れたもので、ここに時代変化の息吹のようなものを感じる。出席を心配することはなく81人の参加者があった。開会の挨拶は、対外経済関係局の新しいドウ・ミャットミャッ

トソー局長であった。同局長は、ミャンマーはアセアン経済共同体発足の2015年に合わせて現在経済開放政策を徐々に採っているが、それによって生じるミャンマー経済の問題点、弱点等を率直に指摘して頂きたい、また人材養成は大変重要なのでERIAはこうした試みを継続して行ってほしいと述べた（写真26参照）。

写真25　山の上ホテル

写真26　新局長の挨拶を熱心に聴く参加者

講演の最初は、ハンク・リム博士であった。演題は「経済統合とアセアン経済共同体」であった。はじめに、ERIA学術評議会議長としてERIAの活動を簡単に紹介した。そして現在世界経済の重心がアジアに移りつつあるとして、特にアセアン＋6の重要性が増しており、アセアンはアジアの中心（ハブ）になろうとしている。これはアセアンが意図してそうしたのではないが、結果的にアセアンを中心として周辺国の中国、韓国、日本、オーストラリア・ニュージーランド、インドがスポークとなった自

由貿易地域が出現した。アセアン自身も2015年までにアセアン経済共同体（AEC）を結成することになっており、そうした状況の中でミャンマーも徐々に開放経済に向かっている。博士は重要なこととして、こうした研修は知識を得ることだけでなく、固定観念を打ち破ることだと強調した。最後に博士から ERIA が作成した「アジア総合開発計画」の骨子がドウ・ミャットミャットソー局長に手渡された。

　次に小島英太郎ジェトロ・ヤンゴン事務所長は「ヤンゴンからバンコク港への陸送実験──繊維輸送の事例」として、ジェトロ・ヤンゴンが地元の縫製業界と行ったヤンゴン～バンコク（クロントイ港）陸路輸送の実験を報告した。最初は2009年10月に行ったもので、ミャンマー縫製業者協会（MGMA）、ミャンマー国際貨物運送業者協会（MIFFA）等が協力して Famoso Clothing Co. が製造した紳士服上下2,300着を131の段ボール箱に入れたものをトラックで輸送した。ルートはヤンゴン～ミャワディ～メーソット～バンコク～名古屋（船）である。次の実験は、2010年3～4月にタイで製造したニット製品の繊維材料をバンコク～メーソット～ミャワディ～ヤンゴンのルートで陸送したものであった。その結果、シンガポールを経由する船の輸送に比較して最初のケース（ヤンゴン～名古屋）で通常のシンガポール周り船便3週間を2週間で、すなわち1週間の短縮、2番目（バンコク～ヤンゴン）のケースで通常の船便2～3週間が3日で可能であることがわかった。また、新たに発効したアセアン・日本包括的経済連携協定（AJCEP）により日本における輸入税の免除措置も適用されることがわかった。しかし費用面では、種々の制約のためにまだ陸路輸送のほうが高い。それらは、ミャン

マー側での道路事情の悪さや陸送用トラック不足、国境の橋におけるトラック制限（積み替えが必要）、タイ側コンテナの片荷輸送のみといった問題に由来する。しかし、こうした問題点が解決されれば（特に、ヤンゴンからクロントイ港まで一つのコンテナで陸送可能なら）陸送の時間的優位さは歴然としている。これらの利点は日本が提案しているミャンマーのダウェーからベトナムのブンタウを結ぶ南部経済回廊の重要性も示唆しているといえる。小島氏の報告は写真入りでわかりやすく、実際に行ったものなので説得力もあり大変好評であった。

昼食後東京大学東洋文化研究所の高橋昭雄教授は「ミャンマーの村落経済」として、ミャンマーで教授自身が行った過去11回の農村調査の結果を詳細に紹介した。結論として（1）土地所有は偏在しており、土地を持たない農民が増えている。僻地では職も少ないためそうした人々は、村を離れ都市や外国に向かう。（2）農村では家族農業、家畜飼育、農賃労働が一般的であるが、富裕な農家は投資を行って雇用機会を増やし、子弟を高い教育や海外留学させる傾向にあり、一方、土地を持たない農民は農業以外の職を求める傾向があるので、農村における職の多様化が進行している。（3）土地は農民にとって重要であり、耕地の権利が増えれば増えるほど所得も安定する。農産品の規制緩和によりある特定の農民は所得を向上させ、投資も行っている。そのため農村のほうが、賃金労働者に比べて所得格差が大きいといえる。教授はビルマ語が得意なので質問には同語で答え、活発な議論が展開された。

ヤンゴン経済大学のカンゾウ学長は、「新時代におけるミャンマー経済の展望」と題して歴史的雄大な話から始めた。世界が最も

緊密になった時代は「大時代5」であり、それは300年から1500年の間であった。この時期に多くの発明が生まれ、新しいアイディアが出され、交易が盛んとなり、宗教が広まり、そしてアフロ・ユーラシアが発展した。現在は「大時代アジア紀」である。それはアセアンの結成から始まっており、車はアセアン、目的地はアセアン経済共同体、そして地図は行動計画（ブループリント）である。こうした中でミャンマーは（1）インドと中国に接する地政学的位置にある、（2）エネルギーの自給（天然ガス、ジャトロファ[4]によるジーゼルの代替エネルギー開発、また豊富な水力発電の可能性等）、（3）豊富な一次産品資源（稲作のみならず林業や水産業、また宝石等の鉱産資源）、（4）勤勉な国民、といった同国の優位性を十分に活かすべきと説いた。

　最後にまとめとして講師4人を壇上に上げ、ヤンゴン経済大学副学長チョーミントゥン教授の司会により質問・回答セッションが行われた。そしてERIAの上坪雄之企画調整課長が閉会の辞を述べ、2010年度のネーピードーセミナーを無事終了した。

　アンケートの結果は55人、回収率67.9％であった。全体的には、こうした企画をしてくれたERIAに感謝する、内容は包括的で大変良かった。また、ミャンマー経済の今後の展望に役に立つ情報が多かった。特に陸路での輸送がシンガポール周りより時間的に節約になるのは大変興味深いものがあった。しかし、ミャンマーとタイの道路インフラの違いは写真から一目瞭然で、ミャンマーもこうした点の改善努力が必要であろう。一方、建設的意見としては、ミャンマーと他の国の比較、例えば、タイやベトナム等の比較が聞きたかった。また、具体的提言があまり示されず、総論は理解したがミ

ャンマーにとっての戦略的政策例示がほしかった。さらによい機会なので4人だけでなくもっと多くの講師を呼んで多くのテーマについて聞きたかった、これには民間企業の講師も入れてほしい（できれば全体で6〜8人）。また、対外経済関係局の担当者からこうした機会を年2回くらい設けてほしいという要望があった。

今後の希望するテーマとしては、中小企業対策、環境問題、社会開発、農業開発（台湾、タイの事例）、金融部門開発、民間企業の役割、衛生・保健部門、外国直接投資、中国の動き、外国との競争に負けない方策等が挙げられた。

今回、山の上にあるマウント・プレザント・ホテルで初めてセミナーを行った。ここはネーピードーの町から車で20〜30分のところにあるので集客が心配されたが、今まで3回のネーピードーセミナーに比較して一番多い81人の参加を得て成功したといえる。これは、会場が遠方にありお客さんがすぐに帰れないので夕方までセミナーを聞いてくれたということもあるかもしれない。内容的にもアセアン統合、ミャンマー経済、農業問題、インフラ整備（陸送）とミャンマー経済の問題点を指摘できたと考える。ただ、具体的な政策となると講師は言えないことが多い。これはちょうど総選挙（11月7日）前ということもあるし、現在の軍政の問題もある。こうした垣根がなくなったときのミャンマーセミナーはもっとおもしろくなると予想される。ミャンマーはカンゾウ学長が指摘するように資源も豊富で人間も勤勉なので開放後の経済発展を大いに期待したい。

4-6　新政権下の大変化（2011年度研修）

　2011年3月末で筆者はバンコク研究センターを退職した。しかし普通次年度の活動計画はその前年度に大体の骨格を決めているのが日本の職場なので、2011年度の研修についても筆者は計画づくりに参加していた。2011年度の研修は、例年どおり1日セミナーをミャンマー、ラオス、カンボジアで行い、バンコクのワークショップは、今回はベトナムを対象として行うことになった。総合テーマは「アセアン経済共同体後の展望と問題点」としてなるべく将来展望を狙う未来志向型にした。具体的な話、例えば、その国に即した戦略・政策等が聞きたいとのアンケートの要望に応えて現地の公務員、専門家を講師に入れるように努めた。貿易・投資の自由化や円滑化に関する技術的な解説に関しては、このセミナーも5年目を迎え、各地で評判もよく最近は一般の人々も聞きに来るようになり、あまり専門的な話はそぐわないと考えた。もしそうした研修を行うなら公務員も担当官だけを集めた小規模で専門的な別途形式（例えば非公開）のセミナーにすべきであると結論した。

　各セミナーの日程は、バンコク研究センターの準備出張ののち、ネーピードー（9月23日）、ビエンチャン（10月7日）、プノンペン（10月10日）と決められた。タイのベトナム・ワークショップは10〜11月にタイにおいて水害が発生し、バンコクが被害を受けたために実際には11月21〜25日にプーケットに場所を変更して行われた。筆者はネーピードーのセミナーとプーケットのワークショップに講師として招待された。

4-6-1　ミャンマーの劇的な変化——カンゾウ副大臣

　2010年11月の総選挙によりミャンマーの政体が大きく変化した。軍政から民政に移管した。2011年3月30日からの新体制は、テインセイン氏を大統領とする共和制である。大統領の任期は5年である。テインセイン氏は、軍政のときはタンシュエ国家元首の下で首相を務めていた。連邦議会は、二院制で、国民代表院（下院に当たる）は最大440名まで、その内110名が選挙を経ない軍人、残り330名が一般議員で構成される。民族代表院（上院）は最大224名まで、その内56名が軍人、168名が一般議員である。両院合わせた全議員664名の内、25％の116名が選挙を経ない軍人で構成されているのは、2008年にできた新憲法に依っている。2010年11月の選挙では、与党の連邦団結発展党が下院259名（枠は330名あるが選挙では計325名確定）、上院129名（計168名）の388名の議席を取り両院合わせて78.7％を得た。軍人議員を合わせると実質的には軍政は保持されているのであるが、経済政策は大きく自由化に舵を切った。すでに説明したように公務員たちは軍政下でも自由化に向けて準備をしていた。それが大きく前進することになった。われわれが一番驚いたのは、カンゾウ・ヤンゴン経済大学学長が国家計画経済発展省の副大臣に任命されたことである。これでミャンマー経済の開放、自由化は本物になったとわれわれは確信した。

　ミャンマーがこのように政策転換した背景には何があるのだろうか。いくつかの要因が挙げられる。

　(1) アセアン諸国の中でミャンマーは1人当たり所得で最貧国

であり成長が不可欠である。この所得格差はミャンマーからタイやシンガポールに大量に出稼ぎに出た人々を通して実感できていた。
(2) 政治体制と経済は別物と考えてよく、それは現在の中国やチリ（かつてのピノチェット軍事政権下）の発展ぶりを見れば肯ける。
(3) 天然ガス、水力発電等エネルギーの開発推進でミャンマーは豊かになれる自信がついた。
(4) アセアンのハブ化、統合の動きにミャンマーもメンバーとして背中を押された。同時に、ミャンマーは2014年のアセアン議長国に決定し、ミャンマー自身自由化の成果を示さなければならない立場になった。

いずれにしてもカンゾウ副大臣の出現でわれわれのネーピードーセミナーも、ネーピードーに中国の援助によりできた大国際会議場、ミャンマー国際コンベンションセンター（MICC）で開催できることになった。

4-6-2　第5回 ERIA ミャンマーセミナー（ネーピードー）

9月23日8時10分から国際コンベンションセンター（写真27参照）においてセミナーは始まった。出席者は147人とミャンマーでは今までの最高を記録した。はじめにカンゾウ国家計画経済発展副大臣が開会の辞を述べた。東アジアの経済統合の深化、格差是正、持続的発展を目指す ERIA の使命を紹介するとともに、ERIA をサポートする16研究機関としてヤンゴン経済大学が加わっていることにつ

いて言及した。ミャンマーは、アセアン経済共同体（AEC）発足の2015年に向けた政策を採りつつあるが、先行アセアン諸国に比べ立ち遅れており、ERIAが現在進めているスコア

写真27　威風堂々の国際コンベンションセンター

カードの研究においても指摘されるだろう。本セミナーによってミャンマー経済の抱える課題や問題点を共有してほしい。また、人材養成事業は、ミャンマーの国際競争力を高めるためにも非常に重要であり、ERIAはこうしたセミナーを今後も続けてほしい、と強調した。

　午前のセッションは、アジア開発銀行地域経済統合部プリンシパル・エコノミストのジャイアント・メノン博士の講演「経済統合問題とその展望――貿易円滑化、投資およびサービス」から始まった。同氏は、メコン広域経済圏（GMS）の経済統合の進展状況について概観し、CLMV諸国、特にミャンマーが取り組むべき貿易の円滑化のための非関税障壁撤廃、貿易収支の問題等について説明した。次にERIAシニア・エコノミストのポンシアーノ・インタル, Jr.博士が「アセアン経済共同体スコアカードへのアプローチ――アセアン諸国の統合過程進捗状況」と題してアセアン各国の現在までの取り組み、開放度について解説した。特に、ERIAがアセアン事務局から委託されて実施しているスコアカードに関し、アセアン加盟国

245企業のサービス、貿易円滑化、投資自由化、基準・認証、物流等の開放度を比較検証した研究について説明した。AEC に向けて、ミャンマーは、関税、投資、物流などの分野で優先的に取り組む課題が多いことについての指摘がなされた。フロアーからは、「ミャンマーはどういった分野で改善をすべきか」といった質問が出された。これに対し、同博士から「貿易の効率化と品目の多様化」、「豊富な資源、特に農産物加工の発展」など、ミャンマーの比較優位を活かした産品の育成という方向性が提示された。金融セッションでは、アジア経済研究所の久保公二研究員が「アジア諸国における金融部門の発展」と題して、銀行を中心とした金融の役割とミャンマーの現状についてベトナムの金融部門との比較を交えながら解説した。ミャンマーの銀行の発展のためには、破産法など法的整備により危機管理を図る必要性を説いた。フロアーから、久保研究員の報告にあった日本の郵便局の集金の役割がミャンマーにおいても機能することが可能かどうかとの質問があった。「日本では、各市町村どこにでも郵便局があるがミャンマーはその状況にない。また、銀行も支店数が限られており、拡大していく必要がある」と述べた。一方、ドウ・チョウチョウテイン中央銀行課長補佐は、「ミャンマーの金融部門展望」として同国の金融部門を紹介した。彼女は、現在の国営銀行（中央銀行の他4行）、国営ノンバンク金融機関（2機関）、民間銀行（19行）、証券市場等の現状について説明し、今後の金融部門の発展のためには、マクロ経済の改革、経営の透明化、通貨・財政政策および貿易・投資政策の改善、法整備強化の必要性を挙げた。

昼食時間に、ティンナインテイン国家計画経済発展大臣に講師陣

が呼ばれ時間が延びたため、プログラムを変更し、筆者の発表は最後に回ることとなった。

　第2工業省のドウ・アイアイウィン課長補佐は「ミャンマーにおける中小企業開発の現状と展望」について説明した。ミャンマーは、国家開発計画として、農業開発計画、18の工業団地開発、市町村開発計画と24の特別地域開発計画、国境・辺境開発計画等を有している。中小企業の発展のためには、アグロインダストリーの開発、量的・質的工業振興策、機械設備の新設・拡張の必要性を挙げた。次に、シュエジンノンドー・アグロインダストリー理事のサンテイン氏が、「ミャンマーの成長産業——アグロインダストリーの事例」として今後有望視される、天然ゴム産業を取り上げ解説した。砂糖や綿は、近年、競争力が弱くなりつつあるが、ゴムの需要拡大とともに、天然ゴムが新たな有望産業として注目を浴び、生産も増大している。しかし、生産性はまだ低く開発資金も整備されていない。ゴムの育成には、7年の期間が必要であり中小の農園主には負担になる。中小農園主に対する金融支援やミャンマーゴム協会に対する機構整備や支援が必要である。フロアーから「ゴム産業の振興のための唯一の策は、低利のローンだとのことだがほかには何が必要か？」という質問があり同氏は低利ローンのほかには、技術支援、マーケット開拓等があると答えた。

　最後に筆者が「戦後日本の経済発展と中小企業政策」と題し講演した。戦後の日本経済成長の軌跡と経済産業省による産業政策について概要を述べたのち、日本の中小企業の現状と中小企業の発展のための支援機関や仕組みを説明した。特に中小企業政策としては、金融面（日本政策金融公庫、商工中金、信用保証協会、日本貿易保

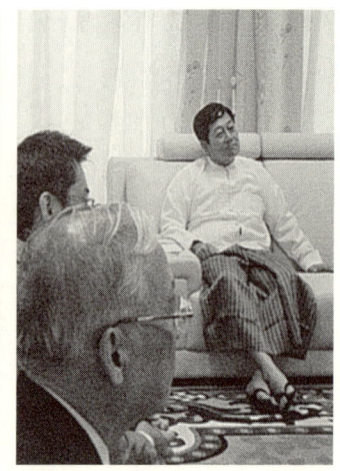

写真28　カンゾウ副大臣と一緒に　　写真29　ティンナインテイン大臣表敬

険)、情報面（中小企業基盤整備機構、日本貿易振興機構）、技術面（公設試験場、産業技術総合研究所）の支援が行われていることを紹介し、ミャンマーの中小企業発展への示唆を行った。フロアーからは、日本の中小企業の支援策を参考に今後のミャンマーの経済発展を考えていきたいとのコメントが寄せられた。議論が長引きセミナーは5時近くに終了した。

　アンケート結果は、149人中79人が回答し、回収率は54％であった。評価は4段階（大変良い、良い、悪い、大変悪い）で聞いたが、「大変良い」（25人）と「良い」（51人）と答えたものが76人に達し、96％が満足してくれた。因みに悪いが1人、回答なしが2人であった。次回のセミナーのテーマとしては、マーケット戦略、ICT、農業開発、知的財産権、物流、環境問題などが挙がっている。いつものように、総論ではなく、具体的な施策についての希望が多い。

第4章 ミャンマー研修の実態 139

全体的な感想であるが、まずわれわれと付き合いの長いカンゾウ学長が副大臣になられ、開会式前にみなで祝福をした（写真28参照）。今回のセミナー開催も副大臣のお陰で大変やりやすくなった。前

写真30 新しい国会議事堂

述したように国際コンベンションセンターでセミナーを開催でき、集客も147人と今までのミャンマーセミナーで最大の出席者であった。ほぼすべての省庁から政府関係者が来たほか、連邦議会や地元ネーピードー自治体、民間企業からの出席もあった。セミナーの昼食時にティンナインテイン大臣に表敬訪問できたのもカンゾウ副大臣の心遣いである。われわれが国家計画経済発展省の大臣に会えたのはこの5年間で初めてであった。

大臣表敬に際しては、大臣は欧米の経済制裁下にあるが、今後の貿易円滑化促進や産業育成に向けてアドバイスをお願いしたい旨ERIAに要請された（写真29参照）。同大臣は前商業大臣であり経済問題に精通しているが、表敬後、同大臣の紹介で商業省に行き、テイン氏が大臣時代に取り組んだICT開発（輸出入のオンライン化等）について、商業省にて局長クラスの方々から説明と意見交換の機会も得た。

セミナーにおいてミャンマー側からの報告には今まで未発表の資

料もあり、大変参考になった。ミャンマー新政権が真剣に自由化、開放政策に取り組んでいることがわかり、日本も本腰を入れてミャンマーと付き合わなければならないときがきたと感じた。なお国会議事堂はすでに完成していたので写真を撮ったが今回は特に注意はされなかった（写真30参照）。その大きさ、広大さにはびっくりさせられる。

4-7　カンゾウ博士が大臣になる（2012年度研修）

2012年度のCLMV研修の企画等は、もちろん筆者はタッチしていない。若干形式が変更され、従来のセミナーに加えて非公開の専門的なワーキング・セッションが設けられた。専門的でテクニカルな内容に対する要望は、各国政府やアンケート等から出ていたことはすでに述べた。このワーキング・セッションは、(1) 技術的・専門的な課題を取り上げ、専門家と担当の政策担当官が非公開の場所で詳細な議論をする、(2) ジャカルタのERIAの専属研究員が育ってきたので彼らを議論に加える、といった意図があったと思われる。2012年のアセアンの議長国はカンボジアであるが、5月29～30日の2日間にわたるプノンペンのERIAセミナーでは、「カンボジアの主要課題と挑戦——プノンペン・アジェンダの具体化」と題して、29日の午前中は従来型の公開セミナー、29日午後と30日の午前中は、非公開のワーキング・セッションが行われた。ワーキング・セッションでは、①関税の自由化と非関税障壁、②カンボジアの中小企業開発、③競争政策と消費者保護、④アグリビジネスの開発、⑤連結性とロジスティックス開発、⑥エネルギー供給管理と地域協

力、等が議論された。9月20日にベトナムのハノイで行われた「経済統合過程におけるベトナムの進展」と題するERIAセミナーでは、午前中は公開のセミナー、午後は非公開のワーキング・セッションが行われ、ワーキング・セッションにおいては、①企業高度化における産業集積と中小企業連携の役割――国際的経験とベトナムへの挑戦、②より統合された東アジアにおけるベトナムの発展可能産業、について議論された。また、10月11～12日にラオスのビエンチャンで行われたERIAセミナーは「アセアン経済統合に向けたラオスの国際競争力強化」と題して、11日午前中は公開セミナー、11日午後と12日午前は非公開のワーキング・セッションが行われた。ワーキング・セッションでは、①ラオスにおける連結性とロジスティックス開発――空路と陸路、②ラオスにおける発展可能産業――観光開発を中心に、が取り上げられた。

　ミャンマーに関しては、またまた驚きの事態が発生した。8月末の閣僚人事でカンゾウ国家計画経済発展省副大臣が大臣に任命されたことである（後述）。しかもカンゾウ博士の後任には、ヤンゴン経済大学で同氏の後任の学長であったドウ・キンサンイー氏が副大臣に任命された。両者ともわれわれのよく知っている人物だったので本当に幸運な出来事であった（ドウ・キンサンイー氏は、ERIAの2008年度上級政策担当官日本研修および2009年11月のバンコクにおけるミャンマー・ワークショップに参加している）。そこでミャンマーに対するERIAセミナーは、同国が自由化に舵を切ったこと、われわれの知人が閣僚になったことを反映して手厚いものとなった。マンダレーにおける公開セミナー、ネーピードーにおける公開セミナーと非公開セミナーの二つをセットにして行われたのである。マ

ンダレーのセミナーは9月28日に行われた。ネーピードーでは「アセアン経済統合に向けたミャンマーのグローバル化と開発戦略」と題して、10月1日午前中は公開セミナー、1日午後と2日午前中は非公開のワーキング・セッションが行われた。ワーキング・セッションでは、①ミャンマーにおけるアグリビジネスの開発、②チャット高における為替管理、③効果的援助管理とミャンマーの開発、④ミャンマーにおける投資環境の改善、等が議論された。筆者は2012年度研修に関しては、マンダレーの公開セミナーのみ参加したので、それを以下に紹介する。

4-7-1　第6回 ERIA ミャンマーセミナー（マンダレー）

9月29日に公開の第6回 ERIA セミナーがマンダレー・セドナホテルにて開催された（写真31参照）。セミナーは「アセアン経済統合に向けたミャンマーのグローバル化と開発戦略」というタイトルのもとに、はじめに国家計画経済発展省ドウ・キンサンイー新副大臣がネーピードーから駆けつけてくれて開会の挨拶を行った。その後すぐ記念の写真撮影が行われ、休憩となった。講演の1番バッターは ERIA の学術審議会議長ハンク・リム氏で、最近のアセアンの統合動向、ERIA の活動状況等が紹介された。特に ERIA が2012年度に始めた「ミャンマー包括的開発ビジョン（MCDV）」の紹介があった。これは、ミャンマーの今後約20年にわたる長期的経済開発に関するビジョンを提示し、簡単なモデル分析を行ってミャンマー経済の長期見通しを示すものである。MCDV については、この研究会に参加しているアジア経済研究所の工藤年博氏から後で詳しい報告がなされた。

次に早稲田大学大学院アジア太平洋研究科教授でERIAの事務総長シニアアドバイザーである浦田秀次郎氏が「東アジアの貿易と投資——ミャンマーの将来展望」と題して講演し

写真31　セドナホテル会場

た。まず高い経済成長は、貿易と直接投資の相乗効果によって生まれるとして、外国直接投資の役割（輸出への貢献、生産技術・管理技術の地元への移転）を強調した。また、アセアンは周辺国と自由貿易協定を結び東アジアのハブになっている点を指摘した（これについては本書の第1章2節を参照）。ミャンマーは、貿易手続き、税関、インフラストラクチャー、ロジスティックス等で世界に比べてまだ遅れているのでそうした点を改良して、外国投資を呼び込みキャッチアップすることが肝要であるとした。これに対して会場からは、①GDPとGNH（国民総幸福度）の違い、②競争力をいかにつけるか、③外資の地元小企業への影響、といった質問がなされた。これに対して浦田教授は、国民総幸福度も大切な概念であるが[5]、これは統計的に捉え難い。GDPすなわちパイが大きくならないと分配もできない。また、ミャンマーは、その比較優位を大いに活用すべきで、労働力が勤勉でまだ低賃金であること、肥沃な土地を有し農産物輸出、農業品加工の余地が大であること等を指摘した。さらに外資を恐れる必要はなく、競争をしない企業は、結局は退出す

るしかない。小企業も参加できる仕組み、特に金融面のアクセスならびに支援策を考えることが必要と述べた。

次に筆者が、「中小企業と日本経済の現状」と題して講演した。日本における中小企業政策を紹介し、日本では、下請け企業制度は戦時中の兵器生産を効率的に行うために国策として制度化された点、マルクス経済学の影響が強かったので、大企業は中小企業を搾取しているといった非難から中小企業、特に下請け企業を保護する発想が出てきたこと、政府の主導、特に「産業政策」として種々の中小企業向け政策が幅広く行われたこと等を紹介した。日本は、大企業と中小企業がお互いに部品供給を通じて補完し合いながら発展し、巨大なサプライチェイン・ネットワークをつくり上げた。しかし、2011年に二つの大自然災害が発生し、それがサプライチェイン・ネットワークに大きな影響を及ぼした。一つは3月11日の東日本大震災であり、大地震、巨大津波、福島原子力発電所の水素爆発と放射能漏れであった。地震、津波によって工場が倒壊したり、流されたりし、また原子力発電所の事故は、放射能を避けるための住民避難、風評被害、電力不足といった諸問題を提起した。その結果、サプライチェイン・ネットワークは寸断され、生産の大きな減少を伴った。また、タイにおいて10〜11月に発生した洪水によってロジャナ工業団地等が水害に遭い、多くの日系企業が被害を受けた。自動車生産は、タイのみならず、部品供給を受ける、ブラジル、オーストラリア、南アフリカと世界的規模で影響を受けた。また、タイは世界のハード・ディスク・ドライブ（HDD）の約50％を生産しており、コンピュータ、カーナビゲーション、DVDレコーダー等の生産に影響した。すなわち自然災害がサプライチェイン・ネットワークを

破壊して、日系企業の世界的規模における生産減退が発生したのである。そこで対策としては危険回避のために部品供給の分散化ということになる。そのために日本の中小企業も新たな対応（供給先の開拓、外国に進出、他企業との統合あるいは廃業等）に迫られている。この発表に対して、①中小企業は競争力をどうやってつけるか、②金融支援およびスケールメリットをどう獲得するか、③人材養成、について質問があった。筆者は、競争力については、まずは外資のサプライチェインに組み込まれて技術を学ぶことであり、これには若干時間がかかる（タイの事例でも地元部品産業が育つにはある程度の時間が必要であった）。そして自分自身の創意工夫を編み出すことである。他力本願はだめで、政府の支援も大切であるが、結局は自分で力をつけるしかないのである。アンテナを高く張って次は何かを絶えず考えること、伝統の中からデザイン等のヒントを得ること（ミャンマーの漆器はとても繊細で美しい製品が多い）。金融に関しては、まずはミャンマーにも存在する国立の銀行（ミャンマー投資商業銀行、ミャンマー農業開発銀行、ミャンマー小規模ローン会社等）を利用することであろう。スケールメリットを享受するためには、外資のサプライチェインに組み込まれるように、政府が推し進めている工業団地や経済特区への進出、あるいはその近辺への投資や合弁設立が必要となろう。人材養成に関しては、日本の中小企業基盤整備機構が管理している中小企業大学校や中小企業診断士の制度等が役に立つだろう、と説明した。

　昼食を挟んで午後の部では、まずアジア経済研究所シニア研究員の工藤年博氏が「ミャンマーの工業化戦略とミャンマー包括的開発ビジョン（MCDV）」と題して発表した。2011年11月の日本〜メコ

ン首脳会談（日本、カンボジア、ラオス、ミャンマー、タイ、ベトナム）においてERIAがミャンマーの発展可能性に関する事前調査を行うことが発表された。これに基づき2012年度にERIAが研究会を組織してミャンマー開発について調査することになった。それをMCDV研究会と呼ぶ。MCDVはミャンマー経済の現在から将来にかけての指針を示すもの（「バイブル」）とERIAは意気込んでいる。約20年の長期にわたるビジョンを示すもので、ミャンマーの5カ年計画に従い、第1次5カ年計画（2011〜15年）、第2次5カ年計画（2016〜20年）、第3次5カ年計画（2021〜25年）、第4次5カ年計画（2026〜30年）、第5次5カ年計画（2031〜35年）までを視野に入れている。

　テインセイン大統領が、2012年6月にミャンマー経済について演説し、2011〜15年の5カ年計画終了時に1人当たり所得を1.7倍にすることを宣言し、次の四つの方針を示した。①農業開発の重要性、②地方間で歪みのない均衡発展、③国民すべてを包含した成長（inclusive growth）、④信頼のおける統計と統計制度の改善、である。MCDVはそれらを踏まえて、①国民中心の発展、②高度成長と世界経済への統合、③包含的で均衡成長、④環境維持と持続的発展、を掲げている。この研究会はまだ始まったばかりなので全体像は掴めないが、工藤氏が具体的に言及したものに、拠点開発主義がある。従来から発展しているヤンゴンとマンダレーに注目してこの2カ所の発展を促す「二極開発戦略」と、もう一つは国境開発戦略である。ミャンマーはバングラデッシュ、インド、中国、ラオス、タイに国境を接している。タイと中国との国境においてはすでに交易が盛んで、国境沿いのいくつかの工業団地も徐々に発展しつつある。一方、

インドとの経済関係はこれから増大すると予想され、この西の国境も重要な拠点となろう。マンダレーはインドと中国の国境に近く両者の交通の要衝でありマンダレー開発と国境開発はお互いに強い補完関係にある。また、拠点開発戦略は必ずしも均衡発展と矛盾するものではなく、次第に波及効果が全国に及ぶからである。この発表に対して会場からは、①ネーピードーは経済拠点になれないか、②政府の役割、特に交通渋滞のような集積の外部不経済効果が大きくなったとき、③北部カチン州の開発をどう考えるか、という質問がなされた。工藤氏は、ネーピードーは政治、情報の中心であって経済の極にはなれないだろう。ヤンゴンとマンダレーはすでに経済、商業の中心として歴史も長く、投資も集積しているからである。これからネーピードーに経済的集積、新たな投資を行うのは費用および効率から考えて良策とは思われない。集積から離れていく力すなわち遠心力に当たるような要因（渋滞等）の緩和策として政府は、公共交通機関の建設、病院、幼稚園、託児所、警察所の設置等の生活の快適さの改善を行う必要があろう。北部カチン州に関しては、中国もインドもお互いを結ぶ最短距離として注目している。ここに高速道路ができれば両国のコネクティビティは飛躍的によくなる、と説明した。最後の説明に関しては、筆者は太平洋戦争中の援蔣ルート、「レド公路」を思い出した[6]。

　続いてタイ開発研究所の所長ニポン・ポアポンサコン氏が「東アジアのサプライチェイン・ネットワーク──ミャンマーへの機会と挑戦」と題して講演した。同氏はまずグローバル化と統合は、経済成長と生活水準の向上をもたらすとして、タイの事例を紹介した。タイでは、1960年代に自由市場経済政策を採り、1980年代に輸出志

向政策に転換して成功した。その間に最初は、インフラストラクチャー開発に重点を置き、60年代に高速道路、70年代に農村道路、灌漑用ダム、80年代に農村電化を整備した。また教育に関しては、60年代に初等教育、90年代初頭に中等教育の拡大を行った。90年代には関税削減を加速させた。これらに加えて開発に関係する組織づくり（発電公社、水道供給公社、投資委員会、国家教育委員会等）を行い、さらに民間投資を促進した。こうして経済成長と貧困削減を達成することができた。サプライチェイン・ネットワークに関しては、農産品に関する原材料の調達から生産・販売・物流を経て最終需要者に至るネットワークができつつある。これは中国やタイで中間層が増えつつあり、需要が膨張しているからである。よって両国が積極的に関与しており、直接にあるいは契約農業方式で行っている。中国はゴム、木材に関してラオス、カンボジア、ミャンマーで、タイは砂糖キビ、トウモロコシ、米、野菜、家畜用飼料、エビ、鶏等に関してラオス、カンボジア、ベトナムに投資を行っている。ただし、販売面は世界的な企業（TESCO, Wal-Mart, Carrefour, Casino, Metro）に握られているのが現状である。ミャンマーは農産品資源が豊富なので、農業のサプライチェイン・ネットワークに入るメリットは高い。マンダレーの大豆、砂糖キビ、キャッサバ、ダウェーの大豆、オイル・パーム等が好例である。農業開発を重点とすることは、ミャンマーの場合、農業人口が多いことを考慮すると大統領の言う「包含的成長」にも合致している。この報告に対して会場から、①サプライチェイン・ネットワーク拡大のためにミャンマーで必要な方策は何か、②競争力強化の方策は、といった質問が出た。ニポン氏は、①に対して為替レート改革を早急に行うこと、

外資に対しては内資と同等の扱いすなわち内国民待遇を与えること、金融面の強化（銀行の透明性ある運営、競争的な環境づくり）を挙げた。また②に対しては、農業はどの国でも保護されているが、過度の保護は競争力を阻害し、格差を拡大させる（タイでは富裕農家が出現）ので適当ではない。しかしこれは政治家が介入するのでどの国でも難しい問題ではある。技術革新が農業でも重要なポイントとなろう、と回答した。

　コーヒーブレイクの後、デンソー・インターナショナル・アジア（タイ）の副社長岡崎彰徳氏が「グローバル成長へのエンジンとなることへの勧告――活発な経済統合を目指して」と題して講演した。まずデンソーの会社の説明をして、アジアでは、タイとシンガポールに統括事務所を持ち、タイに7社、ベトナム2社、フィリピン2社、マレーシア2社、インドネシア4社の計19社、さらにインド6社、オーストラリア1社、ドバイ1社を有し、雇用は2万5,270人に達している。自動車部品生産の基本としては、かさばった重い製品は輸送費用がかかるので各国でつくり、小さいが高機能製品は特定の国に集中させて生産している。アセアン内がアセアン物品貿易協定（ATIGA）によって関税が下がったのでタイのデンソーも恩恵に与かっている。アセアン域内からの輸入製品の約98％はATIGAを利用している。アセアン＋1でアセアンが周辺国と自由貿易協定を結び、アセアンをハブとする体制ができたので、今後はこの利用が大きな拡大要因になる。ただ、自動車部品は規制が厳しく、センシティブ品目に計上されている品目が多い。特にインドがそうである。長期的には規制を外さないとその国にとって損失となろう。自国産業が競争力を持たず育たないことになるからである。今後はア

セアン+6のような東アジア共同体の形成が望まれる。この講演に対して会場から、①技術標準に関しては規制があるか、アセアン共通標準に関してはどう考えるか、②自動車に関してミャンマーに対しては、ノックダウン方式の工場から始めるのか、大型組み立て工場を誘致するのかどう考えるか、といった質問がなされた。それに対して岡崎氏は、まず工業製品標準に関しては各国が決めているのでデンソーとしてはそれぞれの国の標準を守ることを基本としている。例えば、タイでは強制的な工業製品標準が99品目についてある。しかし、アセアンでは2015年の経済共同体に向けて国際標準に準拠した「アセアン標準」をつくっているようで、そうした共通標準が採用されることは大いに歓迎される[7]。ミャンマーの自動車産業であるが、まだ国内市場が小さいので(例えば、インドネシアは年100万台の需要がある)、すぐに工場進出とはならないであろう。タイでも自動車産業が育ちデンソーとサプライチェイン・ネットワークができるようになるのに40年かかった。ただ、ミャンマーは6,000万人以上と人口が多いので将来の可能性は高い。技術の蓄積はすぐにはできないので、小規模な修理工場等から始めることが肝要であろう。

最後に、閉会の挨拶をマンダレー管区商工会議所会頭のウ・アウンウィンカイン氏が行った(写真32参照)。2009年度のマンダレーセミナーで同氏が閉会の挨拶をする予定であったが、外国出張が入ってしまい出席できなかった経緯があった。

今回のセミナーには、115人の参加があった。前回のマンダレーセミナーは93人だったのでそれを凌いだことになる。やはり商業都市マンダレーの人々も自由化が進み、外国資本が入ってくるとどう

なるか心配していることの反映であろう。セミナーに対するアンケートには32人が回答してくれた。回収率は27.8%であった。前回（47.3%）に比べて回収率が落ちたのは残念である。

写真32　ウ・アウンウィンカイン会頭の閉会の挨拶

4段階評価（良かった、まあまあ良かった、あまり良くない、悪かった）では、良かったが15人（46.9%）、まあまあ良かったが10人（31.3%）、あまり良くなかったが4人（12.5%）であとは回答なし3人であった。良かったとまあまあ良かったを合わせると78.2%になり、約8割近い人が満足してくれたことになる。次回のテーマとしては、中小企業政策、銀行制度、ロジスティックス、工業化政策、他のアセアン諸国の開発成功例、アセアン経済共同体等が要望された。また、質問の時間が少なかったのでセミナーを2日間でやってほしかったという要望もあった。

　全体の印象として、外資が入ってくるとミャンマーの中小企業が潰されるのではないかという危惧が強いことを非常に感じた。また、関連して競争力をつけるにはどうしたらよいかといった質問が多かった。開放経済に舵を切る国はどこでも直面する問題であるが、1990年代半ばに自由化を始めたベトナムでも今では順調に工業化に成功しているわけであるから、資源もあり、人的資源も豊富でそのうえ真面目なミャンマー人ができないことはないと確信する。

4-7-2　3度目のマンダレー

マンダレーは3回目の訪問であった。前回は2009年なので3年ぶりのマンダレーであった。まず驚いたのはマンダレー飛行場を車で出るとすぐに、ネーピードー～マンダレー間の高速道路（ヤンゴン～ネーピードー間はすでに完成、そのマンダレーまでの延長高速道路）が完成していてマンダレー市街に早く行くことができるようになったことである（写真33参照）。市街に入ると3年前に比較してオートバイや自転車が急速に増えていて、ちょうどハノイやホーチミンのような市街風景に似てきた（写真34参照）。経済活動が活発になっている証拠である。

セミナー当日新しく任命された国家計画経済発展省のドウ・キンサンイー副大臣にお会いしたので昼食時になぜ女性が公務員に多いか質問したところ、彼女は二つ理由があると言って、①国家公務員は給料が民間と比較して低いので男性は民間企業に行き、残った女性が公務員になる、②学校教育において男性は途中退学（ドロップアウト）が多いが、女性は真面目に勉強し、大学や大学院に行く人が多い。その結果、女性のほうが相対的に高い教育を受けて公務員に受かりやすい、と説明してくれた。また3年ぶりにマンダレー管区商工会議所会頭のネルソン（ウ・アウンウィンカイン氏）に会って旧交を温めたが、新しい外資法の行方を聞くと、大統領が、下院でつけられた条件（設立時の登録資本金や内・外資の出資比率等）を大幅に緩和する可能性があることを示唆してくれた。やはり自由化は本物のようだ。

ところで、ミャンマーでは、一生のうちに行ったほうがよいとい

第4章　ミャンマー研修の実態　153

う三大巡礼地があり、(1) シュエダゴン・パゴダ、(2) チャイティーヨー・パゴダ、(3) マハムニ・パゴダと言われている。筆者は、マンダレーにあるマハムニ・パゴダをまだ訪れたことがなかったので今回時間を見つけて早朝にお参りした。これによって筆者もこれらの三大聖地を訪れる機会に恵まれたのでここに紹介しておこう（囲み記事4参照）。

写真33　ネーピードー〜マンダレー高速道路のマンダレー終点

写真34　増えたオートバイや自転車

囲み記事4　三大聖地巡り

　ミャンマーで一生のうちに回ってみたいといわれる仏教の三大聖地は、(1) ヤンゴンのシュエダゴン・パゴダ、(2) キンプンのチャイティーヨー・パゴダ（ゴールデン・ロック）、(3) マンダレーのマハムニ・パゴダといわれる。筆者は幸運にしてこの三大巡礼地を見ることができた。

写真⑬　シュエダゴン・パゴダ

　ヤンゴンのシュエダゴン・パゴダは、ヤンゴンを訪れるたびに必ず行く場所である。約100mに達する壮麗な仏塔は市内ならほとんどこからでも眺められ、特に夕方などは夕日に映えて美しい。入口は東西南北にあるが、外国人はエレベーターのある登り口から入るのが多い。まずエレベーターに乗る前に裸足にならなければならない。靴はちゃんと預かってくれる。女性は服装も気をつけたほうがよい。肌を露出するような格好はなるべく避ける。仏教は、釈尊によって紀元前5世紀頃成立、釈尊入滅後100年くらい経ちテーラワーダ（上座部）を含む部派仏教が成立、それは今のスリランカや東南アジアに伝わる南伝仏教となった。一方、部派仏教の保守化、形骸化に対して釈尊入滅後500年くらい経ち改革派が現れ、のちに北伝し中国や日本に伝わり大乗仏教と呼ばれるようになった（なお、部派仏教は、改革派から「小乗仏教」といわれるがこれは大乗仏教の衆生を乗せる大きな乗り物に対して、小さくて劣った乗り物を指し、蔑称なので使わないほうがよい）。テーラワーダ仏教は戒律が厳しく、こうした教えは今も根強く守られている（例えば、タイの出家僧は227の戒律を守らなければならない）。

　エレベーターを降り少し歩くと目の前に巨大で黄金色に輝くシュエダゴン・パゴダが現れる。人々はその周りで祈りを奉げている。塔の周りには寄進された廟や、大小の仏像を入れた祠がびっしりと並んでいる。塔の周りを巡るのに45分以上かかる。このパゴダはどこから見ても美しい（写真⑬参照）。ここで興味深いのは、自分の生まれた日の曜日を知ることが必要で、観光客は自分の誕生日の曜日までは知らないので、それをちゃんと教えてくれる場所がある。曜日によって塔の周りにそれぞれ象徴的な動物が決まっており、そこでお祈りすること

になる。月曜日は虎、火曜日はライオン、水曜日は午前と午後に分かれていて、午前が牙のある象、午後は牙のない象、木曜日はネズミ、金曜日は天竺ネズミ、土曜日は龍、日曜日はガルーダ（伝説の鳥）でその動物の置かれているところに台座があり、小さな仏像が安置され

写真⑭　落ちそうで落ちないゴールデン・ロック

ていてそれに水をかけたり、お供え物をしたりして願かけをする。

　ただ、気をつけないといけないのは、外国人観光客と見ると近寄ってくる僧がいて英語で案内すると言い出し、それに乗ると後で自分はインドに留学するので資金が必要だと言って法外なお金を請求することだ。筆者の知り合いは30ドル取られた。悪徳僧には注意。

　研修準備出張（2009年）の休日を利用してチャイティーヨー・パゴダ（山上に置かれた岩の上にある小さなパゴダ、岩に黄金が貼られているので黄金の岩〈Golden Rock〉といわれる）を訪れた。この岩自身が山頂の大きな花崗岩の上に乗っていて、岩と岩の間に大きな隙間がありちょっとした揺れがあればすぐ落ちそうなのである。重力に反するように何百年も落下しないということで非常に有名になっているパゴダである。日本にいるときに雑誌の写真でこの岩を見て不思議に思い是非実物を見てみたいと思ったのである。しかし行くのは楽ではない。チャイティーヨー山はモン州にある。ヤンゴンから２時間ばかりでバゴーに着く。バゴーで昼食後そこから南西にモーラミャインのほうに下るが、車が途中でパンクして、修理に時間がかかる。そしてやっとキンブンという村に着く。そこで車を乗り替えるのであるが、なんと日本の産業廃棄物運搬用の中古ダンプトラックである。それに乗っていよいよ山登りになる。約１時間で山頂近くのヤテタウンに着く。そこからは徒歩で登らないといけない。頂上は海抜約1,100mである。老人や女性用に駕籠や担架もあり、しつっこく勧誘されるがそれを断

写真⑮　マハムニ仏　　　　　写真⑯　アンコールワットの青銅像

って歩いた。巡礼は苦行である。急坂をゆっくり登ること約45分、やっと頂上のホテルに着いた。ホテルではタイ人の観光客がいたので驚いた。聞くとこの聖地はタイでも有名とのこと。

　翌日は残念なことに雨模様で山は霧に覆われていたが、朝早くからゴールデン・ロックを見に行った。境内に入るところで同じく裸足になり、岩に近づく前に事務所で金箔を買う。それを持って岩に行き金箔を張りつけて祈願した。女性は岩には近づけないそうだ。女人禁制なのである。写真を撮ったが落ちそうで落ちない本当に不思議な岩である（写真⑭参照）。ホテルに戻って気がついたが左足に大きな山蛭が吸い付いていてびっくりした（苦行、苦行）。

　マンダレーのマハムニ・パゴダは2012年9月にマンダレーを再訪したときに訪れることができた。朝早く行くと信者が御本尊の清掃をしているというので5時半に起きて行った。ホテルからは、タクシーに乗り20分ばかりで行ける距離であった。大きなお寺で境内も広い。仏塔は金色で円筒ではない四角形の塔であった。内部に入ると大きなマハムニ仏が鎮座している。信者が清掃をしていたが、金箔を全身に貼られて黄金色に輝いていた（写真⑮参照）。セミナーの成功と自分の健康を祈願した。境内は浅草のようにお土産屋さんや食事をするところもあり賑わっていた。また、僧侶もこの時間帯は朝の托鉢から戻るところで続々と帰って来ていた。子供僧の坊主頭がかわいかった。ところでこの寺院には、アンコールワットにあったクメール様式の青銅の像がある。これは15世紀にタイがカンボジアに攻め込んだときに持ち

> 帰ったもので、それをさらに16世紀にモン族がタイのアユタヤに侵攻したときにミャンマーに持ってきたものと言われている（写真⑯参照）。歴史を感じさせる像であった。

注
1） GATT 第24条における「実質上すべての貿易」の解釈をめぐる問題。
2） アジア開発銀行が推進しているメコン広域経済圏（GMS）開発の諸国は、「越境輸送協定」（CBTA）を持ち、物資輸送の種々の円滑化措置を講じている。
3） 例えば、高橋昭雄『ミャンマーの国と民──日緬比較村落社会論の試み』明石書店、2012年、を参照。
4） ナンヨウアブラギリ、ヤトロファとも呼ぶ。
5） フランスのサルコジ前大統領の提案で2008年につくられたスティグリッツ・セン・フィトゥシ委員会が「社会進歩」という言葉で経済成長率に代えて幸福度を計る指標を提案した。これをパリのOECDがさらに精緻化して幸福度指標として広めた。この質問は第1回ネーピードーセミナー（2008年2月18日）でも出されており、ミャンマーでは知識層への情報は非常に早く流れていることがわかる。なお、日本では1970年代はじめにGNPに代わるものとして当時の経済企画庁経済研究所長であった篠原三代平氏が純国民福祉（NNW）指標を提唱した。
6） 蒋介石に物資を運ぶために英軍、米軍がアッサム州のレドからミャンマーのミッチーナー、バモウ、（ラーショー）、ムセを通る道路を建設、雲南省の瑞麗～大理～昆明さらに重慶に繋げた。
7） "工業製品標準室に聞く「製品標準の今後について」"、Info Biz THAILAND, No. 176, August 2012（pp. 6-7）によれば、自動車部品について19品目、家電製品に関して17品目をアセアン標準として設定することで合意したとのことである。

第5章　研修を成功させるために

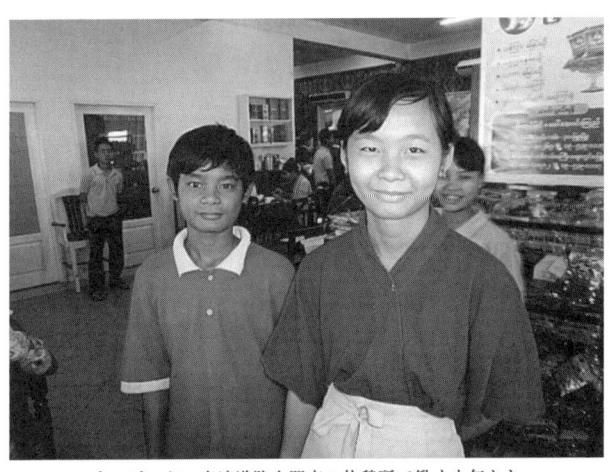

ネーピードー高速道路中間点の休憩所で働く少年たち

CLMV 4 カ国研修を行うことでいろいろなノウハウがわかってきたが、そうしたものをまとめておこう。研修は、講師を呼んできて話してもらえばお仕舞いというものではない。参加者も納得してくれるものでないといけない。そのためには、いろいろな工夫が必要である。内容、講師、時期、期間、場所、言語、予算、実施体制等が問題となる。

　内容については、一番重要であり、セミナーの目的に合った課題を設定しなければならない。今回の ERIA セミナーは、アセアン新規加盟国 4 カ国が、アセアン先行加盟国に追いつくために、CLMV 諸国政府の政策担当官を研修するというものであった。そのためには、アセアンの動き、特に2015年に向けてアセアン経済共同体を結成する過程をしっかり把握する必要があり、そこからテーマを絞って講義することが求められる。まず経済学の基礎、特に国際経済学を知らなければならない。そこで経済統合や自由貿易協定のメリット・デメリットを知る。また実際の FTA の経験、経済発展の前例、すなわち歴史のベスト・プラクティスを比較・検証する必要がある。また、アセアンの先行加盟国で実際起きていることを理解することが大切である。共同体結成のために現在どのような手段・政策が採られているのかの確認である。さらに、経済政策立案のためには、なぜその政策が必要なのか、政策の大義が重要である。次に、政策の技術的な面（例えば、関税分類、標準・認証、証券取引所の仕組み等）も押さえなければならない（ここは難しいところで、あまりに技術的な話は、公開のセミナーでは向かないことがある。非公開の専門的なワーキング・セッションは2012年から始められた）。またそのときに世界で起こっている事象（例えば、リーマン・ショッ

ク）に対しても目配りが必要である。それらの影響を、聞く人たちは当然興味を持つからである。これらをまとめると、理論、歴史、経験、現状認識、政策の意義、技術的側面、タイムリーなトピックということになろうか。

　講師選びも大変である。テーマに即した人がいるかどうか、レベルが高いかどうか、スケジュールが合うかどうか、そして何よりも発展途上国に愛着を持っているかどうか、といった点を考慮する。IMF、アジア開発銀行、世界銀行関係者、APEC事務局政策サポート・ユニット、ERIA、大学教授、各種研究所の研究者、アセアン先行加盟国の政策担当官等から人選したが、2008年度から日本人で現地事情に詳しい専門家を加えることにした。これは、何といっても現地語ができる講師がいると会場が盛り上がるからである。また次第に現地人の講師にも話してもらうようにした。教えると言うと、どうしても上から目線になるのを防ぐためである。と同時に、その国が採っている具体的な政策の説明を当事者にお願いした。現地以外の講師選びのコツは、結局最後は発展途上国に愛着を持つ人が決め手になる。聴衆も敏感にそういう面を感じるからである。合格した人は、講師として繰り返し協力して頂いた。

　日程調整も結構時間がかかる。現地政府に相談して決めるのであるが、国の祝祭日や旧正月、政府行事等を外さなければならない。いったん決めても大臣の都合で動いたりする。主催者側は、CLMV 4カ国で行うのでなるべく1回でそれらの国を効率よく回りたいが、それを合わせるのに苦労した。期間に関しては、最初は巡回型1日セミナーであったが、じっくりと聴きたいという要望に応えて1週間のバンコク集中講義（ワークショップと呼んだ。1週間のセミ

ナーというとなかなか上司を説得しにくい、ワークショップというと納得してくれるとある公務員が言ったからである。ワークショップというと研修、トレーニングの意味合いが強く通りやすいということか)を、1年1カ国選んで実施することになった。2008年度にとりあえずCLMV4カ国から27名を招待して試験的に行ってみた。評判が良かったのでこのバンコク・ワークショップはその後2011年度まで続いた。ミャンマーに関しては、2009年度にバンコクで開催した。一方、1日セミナーは従来どおり続いた。

　1日セミナーの場合、場所は基本的にその国の首都であった。これは中央官庁があるから当然であるが、しかしやはり要望で地方の都市でも開催してほしいと言われた。一つは、CLMV諸国では、アセアン経済共同体の話はあまり知られていなく、地方に広報・宣伝する必要があったからである。また、特にミャンマーでは、自由化の話は軍政下では表向きタブーであったと思われる。ERIAセミナーで外国人が言う分には良かったのであろう。また、中央の政策担当官が地方を知ることも大切であり、同時に地方の公務員やビジネスマンが中央や外国の動きを知ることも重要である。こうして2009年にミャンマーのマンダレー、ベトナムのホーチミンで行ったのが最初で、2010年にカンボジアのシェムリアップで行われた（また、2012年には再度ミャンマーのマンダレーで行われた）。地方で行うときは、地元の商工会議所に客集めをお願いするため、準備出張が大変であった。

　次に言語であるが、当初英語で行ったが、国によって理解に差のあることがわかり、特にベトナムとラオスに関しては同時通訳を入れることになった。これは予算との関係もある。ミャンマーは比較

的英語が通じる印象を持った。さて、予算であるがこれは基本的に日本の援助ということで、この事業は全額主催者持ちで行った。講師招請の日当・宿泊、飛行機代、会場借り上げ費、来場者への当日の昼食代、(地方都市で開催の際の) 政策担当官の地方出張費、バンコク・ワークショップの全費用等すべてERIAが負担した。多分2,000～2,500万円くらい毎年かかったと思われる。こうした費用を負担してくれたERIAにおおいに感謝したい。

　実施体制は、実際は本当に小人数であった。バンコク研究センターから秘書を入れて3人、ERIAから秘書を入れて2人の計5人でアレンジから実施まですべてを仕切ったといえる。しかし、現地での広報や客集め、セミナー当日の会場の事務等は、各国政府と16研究機関ネットワークの各国研究所に助力をお願いした。例えば、ベトナムは、商工省の多国間貿易政策局とベトナム経済経営中央研究所、カンボジアは、商業省国内貿易局とカンボジア協力平和研究所、ラオスは、商工省外国貿易政策局とラオス国立経済研究所、ミャンマーは、国家計画経済発展省対外経済関係局とヤンゴン経済大学であった。また、地方で開催するときは、各国の商工会議所にお世話になった。さらに首都から開催地までの参加者の輸送や宿泊のアレンジが必要なので地元旅行エージェントが必要となる。会場のホテルでは、マネジャーと念入りな打ち合わせが不可欠で、この点で驚いたのは、ハノイ、ホーチミン、プノンペン、シェムリアップ、ビエンチャン、マンダレーの一流ホテルには、日本人のマネジャーがいたことである。大変お世話になった。幸いなことにスタッフに恵まれたことと、異常に健康な同僚に恵まれてこれらの事業を推進することができた。

研修を有意義にするために、終了時に必ずアンケート調査を実施した。研修の評価と、次の研修のための望ましい課題を書いてもらった。これらのアンケートは、次の研修の立案に非常に役立った。フィードバックが何につけても大切であると感じた。

　CLMV 4カ国研修を行った個人的印象を述べてみたい。お国柄についてである。これはどこかの国を悪く言ったりする意図は全くなく、価値判断を離れた実際の描写だけである。まず、人が穏やかで、おっとりしているのはラオス人である。次にミャンマー人が続く。これは仏教への帰依が篤いためかもしれない。また、自由化による開国がゆっくりしているからかもしれない。勤勉さはミャンマー人が一番である。とにかく真面目である。ベトナムの人は功利的というか、実利的である。こちらが用意した昼食を食べると帰ってしまう人が多い。また、講義がおもしろくないと感じると退席したりする。正直と言えば正直かもしれない。カンボジア人は意外と英語が通じたのには驚いた。タイよりは通じるかもしれない。英語に関しては、CLMVの中では、ミャンマーがやはり一番良かったと思う。

第6章　ミャンマーの自由化はすでに始まっていた

シュエダゴン・パゴダの清掃隊

ミャンマーの工業開発、自由化の動きは、軍政が2010年11月に総選挙を行い、2011年3月30日にテインセイン新政権が発足する前から徐々に用意されていた。その背後には、ミャンマーが、周辺国に比較して大きな所得格差があり、早く追いつかなければいけないという国民の暗黙の合意のほかに、アセアンによる域内の経済統合の動きが大きく関与していた。暗黙の合意は、ミャンマーから400万人近いと言われる出稼ぎに出た人々の情報、隣国タイの国境沿いでの情報、そして進んだタイ、中国製品の流入等を通して明らかであった。軍政側も、もうこれ以上現状を続けるわけにはゆかないという判断があったと思われる。一方、アセアンとの関係は、非常に重要なモーメンタムとなった。

6-1 軍政後期の動き

アセアンは、域内の所得格差解消のために、2000年のアセアン非公式首脳会談（シンガポール）において「アセアン統合イニシャティブ」（IAI）を採択した。これは初期には主に、職業訓練、教育に重点を置いたもので、特にシンガポールがCLMV諸国の人材養成に力を注いだ。これら諸国の職業訓練や研修施設の教師たちを訓練し、また関連教材や機器を援助するというものであった。このIAIに対して、日本、中国、韓国の3カ国が、特にICTに関してデジタル・ディバイド解消のために種々の協力をすることになった[1]。より具体的には、2002年に「第1次IAIワークプラン 2002-2009」がつくられ、先行アセアン諸国が、先進国や国際機関と協力してCLMV諸国を援助するもので、ミャンマーもICT分野の幹事役と

なってこれに参加した[2]）。

　ミャンマーは、2004年に工業開発促進機関の体制を整えた。工業開発委員会を最上位に置く体制である。これは、2011年に新政権になってもっとすっきりした体制に改正されたことはすでに述べた。

　2007年1月の「セブ宣言」において、アセアン経済共同体を2015年に結成することが決められ、2007年11月に遂に「アセアン経済共同体行動計画」が出された。アセアン各国はこの行動計画に示された行程表に基づいて自由化、円滑化を進めることになった。ミャンマーも2008年頃から本格的に自由化に動き出したと思われる。2009年2月にわれわれがネーピードーで第2回 ERIA ミャンマーセミナーを行った際、次回は地方都市のマンダレーでセミナーを開催してほしいと要請された。これはアセアン経済共同体結成とミャンマーの自由化の動きを、地方といってもマンダレーはミャンマー第二の都市でしかも商業都市として昔から大いに栄えていた場所であるが、一般の人々、ビジネスマン等に宣伝・広報するというミャンマー政府の意図があったことは明白である。

　さらに、2009年9月にマンダレーで第3回 ERIA ミャンマーセミナーを行った際に、ドウ・ミョーヌエ局長から、競争政策、消費者保護、知的財産権について取り上げられるか打診があった。これは明らかにアセアン経済共同体行動計画にある競争的経済地域の戦略目標であり、われわれもこの要請を真摯に受けて、2009年11月のバンコク・ミャンマー・ワークショップで競争政策の講義を用意した。今になって考えると、アセアン経済共同体スコアカードによる進捗状況のチェック（2012年）で同国は競争政策が A 評価になっているが、これはわれわれの努力が少しは貢献した結果かもしれな

い。このバンコクのワークショップで、今まで知られていなかったミャンマー側の資料がたくさん出て来たので、ミャンマーの自由化が真剣に考えられているとわれわれは確信した。

2010年9月の第4回 ERIA ミャンマーセミナーでは、おもしろいことがあった。セミナーのタイトルはいつも CLMV 諸国で共通のタイトルを用いて行っていたのであるが、ミャンマーについては「ミャンマー経済の展望――新しい時代」と、「新しい時代」を入れてほしいというミャンマー側からの要請があった。同年11月に総選挙が行われることになっていたが、その前から政策担当官たちは、「新しい時代」が来ることを知っていたようだ。

軍政の中の変化を推測すると、あと二つの要因も大切と思われる。それは、2007年9月の僧侶による大規模な抗議行動である。この端緒は国民の物価上昇に反対することから起きたが、僧侶の立ち上がった意味は大きい。ミャンマーではイスラム教徒もいることにはいるが、何といっても仏教の影響は比較にならないほど大きい。軍も仏教徒の反乱は無視できない要因であったであろう。もう一つは、2008年5月にミャンマーを襲ったサイクロン「ナルギス」である。これにより死者・行方不明者合わせて13万4,000人に及んだと言われているが、国際機関や外国 NGO の援助が、入国許可制限や、援助の横流し等軍政の悪い面により迅速に行われなかった現実があった。また、新憲法に対する国民投票の時期と重なり、軍政としては外国勢力の影響をできるだけ少なくする意向があったとも言われている。いずれにしても、こうした動きは人々の軍政に対する不信感を強めたのは事実である。軍政は1988年から続いたことで大きな自信を持った半面、国民の離反を無視できなくなったといえる。

結論として、軍政の末期、2008年頃からミャンマーは本格的に自由化に向けて動き出した。その背を押したのは、アセアン経済共同体結成の動きであり、特に、アセアン経済共同体行動計画の行程表（戦略的スケジュール）が2007年11月に発表されて以降のことである。偶然ではあるが、それはちょうどわれわれが、第1回ERIAミャンマーセミナーを2008年2月に開催し始めた時期と軌を一にしている。

6-2　テインセイン新政権になって

　2011年3月30日にテインセイン政権は発足した。新政権は、政治犯の恩赦、少数民族武装勢力との和平交渉、スーチー氏との会談等次々と自由・開放政策を採った。また、12月には、スーチー氏率いる国民民主連盟（NLD）の政党再登録を許可し、2012年4月に48議席について補欠選挙を実施することになった。11月のインドネシア、バリ島で行われたアセアン首脳会談では、2014年にミャンマーがアセアン議長国になることが決まった。

　われわれにとって大きな驚きは、いつもお世話になっているカンゾウ・ヤンゴン経済大学長が国家計画経済発展省の副大臣に任命されたことである。これによってわれわれのセミナーも劇的にアップグレイドされた。ネーピードーで開催された第5回ERIAミャンマーセミナーは、会場も国際コンベンションセンターという素晴らしい施設（中国が援助したのであるが）において行われ、150人近くの人々が集まってくれた。さらにカンゾウ副大臣のアレンジによって、ティンナインテイン国家計画経済発展相にも表敬訪問できた

のである。

　経済面の動きには以下のようなものがあった。4月には新たな工業開発委員会組織ができ、第2工業省が実権を握った。8月にはソーテイン第2工業相が第1工業相を兼務し、12月には第1工業省と第2工業省が統合されて工業省となり、ソーテイン大臣が引き続き工業相になった。8月には時限措置ではあるが、輸出7品目の商業税を免除、11月には民間銀行11社に外国為替業務の許可を出した。

　2012年4月の補欠選挙では、上院6、下院37、地方議会2の計45議席中、野党NLDが上・下院41議席と地方議会2議席、計43議席を獲得した。しかし、2010年11月の総選挙では、与党の連邦団結発展党（USDP）が上・下院定数の8割弱[3]を占めたので、大勢に影響はしない。しかし、こうした一連の動きに対してEUは4月に武器禁輸を除くミャンマー制裁の1年間停止を発表し、米国も5月に武器禁輸を除く経済制裁を停止し（新規投資と金融取引の解禁）、新たにミャンマー駐在大使を任命した。日本も円借款を2013年から再開するとした（それに向けて延滞債権の一部放棄も検討）。

　経済政策では、まず為替レートについて4月に今までの固定為替レートから管理変動為替に移行した。この結果、公定レートと市場レートで100倍以上の開きがあったものが、徐々に市場レートに近づいた。ミャンマーはIMFの指導の下、単一為替レートへの移行ならびに為替規制の撤廃を、「東南アジア競技大会」がミャンマーのネーピードーで開かれる2013年の末までに行う予定である。また、1988年に成立した外国投資法の改正を目指して開放的な新外国投資法案を8月に連邦議会に提出したが、農林水産業や中小企業からの強い反対の声で大幅な修正を受けて下院を通過した。修正の中には、

例えば、会社設立時に500万ドル（約4億円）の最低資本金が必要とのことで、その高すぎる資本金について外国企業に論議を呼んでいる。上院の審議は10月になる予定でまだこの件についてはどうなるかわからないのが現状である[4]。

　8月から9月にかけてテインセイン大統領は大幅な内閣改造を行った。まず軍強硬派で中国とも近いといわれたティンミンアウンウー副大統領を比較的穏健派のニャントゥン前海軍司令官に代えた。そして大統領府を強化するために、大統領担当相を2名から4名増員計6名にした。新たに任命されたアウンミン前鉄道相は少数民族問題の交渉を率いた人物であり、ソーテイン前工業相とティンナインテイン前国家計画経済発展相およびフラトゥン前財政歳入相は、経済自由化を強力に推し進めるための布陣と考えられる[5]。また、外国マスコミに強硬派で知られたチョーサン情報大臣（中止された中国援助のエーヤーワディ川ミッソンダム建設の推進派であったといわれる）を協同組合相に格下げして、スーチー氏とのリエゾン役を果たしたアウンチー前労働および社会福祉・救済・復興相に代えた。さらに大臣の省に跨る兼任を止めそれぞれの省に大臣を指名した。われわれにとって幸運なことは、カンゾウ博士が国家計画経済発展副大臣から昇格して、大臣に指名され、さらに同省副大臣にこれもわれわれの旧知のドウ・キンサンイー・ヤンゴン経済大学学長が任命されたことである。なお、すでに第1工業省と第2工業省は統合されて工業省になったが、今回第1電力省と第2電力省が統合されて電力省に一本化された。また、産業発展省は廃止された（表17参照）。

　いずれにしてもテインセイン政権が大幅な自由化、規制緩和を行

表17　連邦政府新閣僚名簿（2012年9月7日現在）

	府・省	大統領・副大統領・大臣名	副大臣名
大統領		U Thein Sein	—
副大統領		U Nyan Htun（新）	—
副大統領		Dr. Sai Mauk Kham（留任）	—
1	大統領府	(1) U Thein Nyunt（留任） (2) U Soe Maung（留任） (3) U Soe Thein（前工業大臣） (4) U Aung Min（前鉄道大臣） (5) U Tin Naing Thein（前国家計画経済発展大臣） (6) U Hla Tun（前財政歳入大臣）	(1) U Thant Shin（留任） (2) U Aung Thein（新）
2	国防省	Lt-Gen Wai Lwin（新）	(1) Maj-Gen Kyaw Nyunt（留任） (2) Brig. Gen Aung Thaw（留任）
3	内務省	Lt-Gen Ko Ko（留任）	(1) Maj-Gen Kyaw Zan Myint（留任） (2) Police Maj-Gen Kyaw Kyaw Tun（新）
4	国境省	Lt-Gen Thein Htay（留任）	Maj-Gen Zaw Win（留任）
5	外務省	U Wunna Maung Lwin（留任）	(1) U Thant Kyaw（新） (2) U Zin Yaw（新）
6	情報省	U Aung Kyi（前労働および社会福祉救済復興大臣）	(1) U Paik Htway（新） (2) U Ye Htut（新）
7	文化省	U Aye Myint Kyu（前スポーツ副大臣）	(1) Daw Sandar Khin（新） (2) U Than Swe（新）
8	農業灌漑省	U Myint Hlain（新）	(1) U Ohn Than（留任） (2) U Khin Zaw（留任）
9	環境保全林業省	U Win Tun（留任）	(1) U Aye Myint Maung（新） (2) Dr. Daw Thet Thet Zin（新）
10	財政歳入省	U Win Shein（副大臣から昇格）	(1) Dr. Lin Aung（新） (2) Dr. Maung Maung Thein（新）
11	建設省	U Kyaw Lwin（副大臣から昇格）	(1) U Soe Tint（留任）
12	国家計画経済発展省	Dr. Kan Zaw（副大臣から昇格）	(1) U Hset Aung（新） (2) Dr. Daw Khin San Yee（新）
13	商業省	U Win Myint（留任）	Dr. Pwint San（留任）
14	通信・郵便・電信省	U Thein Tun（留任）	(1) U Win Than（留任） (2) U Thaung Tin（新）
15	労働省	U Maung Myint（前外務副大臣）	U Myint Thein（留任）
16	社会福祉・救済・復興省	Dr. Daw Myat Myat Ohn Khin（前保健副大臣）	(1) U Phone Swe（留任） (2) Daw Su Su Hlaing（新）

17	鉱山省	Dr. Myint Aung（新）	
18	畜水産省	U Ohn Myint（協同組合省との兼任解除）	U Khin Maung Aye（留任）
19	協同組合省	U Kyaw Hsan（前情報および文化大臣）	U Than Tun（留任）
20	運輸省	U Nyan Tun Aung（留任）	U Han Sein（留任）
21	ホテル・観光省	U Htay Aung（副大臣から昇格）	
22	スポーツ省	U Tint Hsan（ホテル・観光省との兼任解除）	U Thaung Htaik（新）
23	工業省	U Aye Myint（前科学技術大臣）	(1) U Thein Aung（留任） (2) U Myo Aung（留任）
24	鉄道省	Maj-Gen Zeyar Aung（新）	(1) Thura U Thaung Lwin（留任） (2) U Chan Maung（留任）
25	エネルギー省	U Than Htay（留任）	U Htin Aung（新）
26	電力省（統合）	U Khin Maung Soe（前第2電力省大臣）	(1) U Myint Zaw（前第1電力省副大臣） (2) U Aung Than Oo（前第2電力省副大臣）
27	教育省	Dr. Mya Aye（留任）	(1) U Aye Kyu（留任） (2) U Ba Shwe（留任） (3) Dr. Myo Myint（留任）
28	保健省	Dr. Pe Thet Khin（留任）	(1) Dr. Win Myint（留任） (2) Dr. Daw Thein Thein Htay（新）
29	宗教省	Thura U Myint Maung（留任）	(1) Dr. Maung Maung Htay（留任） (2) U Soe Win（前情報副大臣）
30	科学技術省	Dr. Ko Ko Oo（副大臣から昇格）	
31	入国管理・人口省	U Khin Yi（留任）	(1) U Kyaw Kyaw Win（留任） (2) Brig. Gen Win Myint（新）

注：今回、産業発展省は廃止になった。第1電力省と第2電力省が統合され一本化された。また、第1工業省と第2工業省は、すでに2011年12月に統合された。
出所：JETROヤンゴン事務所の資料から作成。

い、ミャンマーの経済発展を加速化しようとしていることは確実であり、この動きは今後も続くものと思われる。

　このように自由化に向けて方向転換の舵を切るのは、急にはできないことであり、ミャンマーは着々と軍政時代末期からその用意を

していたのである。

注
1） 再度 ASEAN Secretariat, "Press Statement by Chairman, 4th ASEAN Informal Summit", Singapore, Nov. 25, 2000 を参照。
2） 2009年におけるこの「第1次IAIワークプラン 2002-2009」に対する評価は、全部で258プロジェクトあったうち、資金手当てがついたものは217プロジェクト、期間内に終了したものは186プロジェクト、達成率72％であった（ASEAN Secretariat, "Status Update of the IAI Work Plan I 2002-2008", October 2009）。さらに2012年10月の最終報告では、232プロジェクトが完了し、先行アセアン6カ国は186プロジェクトに3,353万ドルを援助、このうちシンガポールが73％を支出した。また、先進国・国際機関は84プロジェクトを援助し、その内日本は47プロジェクト、約734万ドル（37％）を援助した。最終報告に関しては以下を参照。

http://www.asean.org/images/2012/Economic/IAI/IAI%20Work%20Plan%20I.pdf

3） 総数664議席、その内選挙を経ないで25％、166軍人が議席を持つ。残り498議席を選挙で決める。与党は388議席を獲得。
4） 前述したように、マンダレー管区ミャンマー商工会議所会頭の推測では、大統領によるより自由化された再修正がある模様（2012年11月2日に成立した新「外国投資法」では、最低資本金は業種によりミャンマー投資委員会が決めるとして金額は提示されなかった。また一般に自由化が進んだ。例えば、法人所得税免除は3年から5年へ、土地の賃貸期間は投資のタイプや投資額にも依るが50年プラス10年の延長が2回、規制分野を除き資本比率で外資100％も可能等。The Republic of the Union of Myanmar, "Foreign Investment Law No. 21/2012", November 2, 2012）。
5） 一方、大統領補佐官の主要現役閣僚による強化は、大統領の健康問題に起因するという噂もある。

第7章　ミャンマーの発展可能性

メイッティーラで見かけた少女たち

7-1　発展の魅力と問題点

　ミャンマーの発展可能性は非常に高い。これは現国家計画経済発展省大臣のカンゾウ博士が言うように、ミャンマーは、(1) インドと中国に接する地政学的位置にある、(2) エネルギーの自給（天然ガス、ジャトロファによるジーゼルの代替エネルギー開発、また豊富な水力発電の可能性等）とその輸出、(3) 豊富な一次産品資源（稲作のみならず林業や水産業、また宝石等の鉱物資源）、(4) 勤勉な国民、というプラスの要因を抱えているからである。

　エネルギーについて補足すると、ミャンマーにおける天然ガスは、1990年代後半から海底ガス田の開発が行われ、2000年代初頭から主にタイに輸出されるようになった（ヤダナ・ガス田やイェダグン・ガス田）。2004年には、ベンガル湾沖 A-1 鉱区（シュエー・ガス田）が見つかった。ここの埋蔵量は、14～20兆立法フィート[1]と推計され、中国、インド、韓国等が興味を示している。これに関連して中国がチャウピューから昆明までパイプラインを敷く計画は既述した。ミャンマーの輸出額に占める天然ガスの割合は、2011年に約38％、189億チャットに上っている[2]。バイオマス燃料もミャンマーは原料が豊富である。砂糖キビ、トウモロコシ、キャッサバはエタノール生産に適しており、パームオイル、ジャトロファ、ココナッツからはジーゼル油を生産できる。国連食糧農業機関（FAO）の資料[3]によれば、2010年の生産量は、砂糖キビ972万トン、トウモロコシ123万トン、キャッサバ33万トン、ココナッツ35万トンであった。しかし、まだバイオ燃料にはほとんど使われていない。隣国

タイでは、エタノールのガソリン混入がすでに実用化されており[4]、ミャンマーも開発の可能性は高い。

また、河川が多く水資源が豊富なことは、今後世界中で「水問題」が発生する可能性があり、ミャンマーにとっては大きな比較優位である。

自由化・規制緩和を行って、外資を呼び込めばミャンマーの未来は明るい。英語が比較的よく通じるのもこの国の利点である。また、外資にとっては、賃金が低い点も魅力的である。ジェトロの直近の調査によると、ヤンゴンの一般工の月額賃金を1とすれば、プノンペン1.21、ハノイ1.63、ビエンチャン1.74、ジャカルタ3.07、バンコク4.21、マニラ4.78、クアラルンプール5.06、北京7.91（図3参照）である。因みにダッカは1.15、ニューデリー3.88である。周辺国の首都では、ヤンゴンが一番低い。北京やバンコクが高くなって来ているので、次の投資先としてミャンマーは非常に優位に立っている[5]。

さらに、6年間付き合ったミャンマーの公務員たちであるが、非常に仕事熱心で優秀である。女性が他の国に比較して多いことは述べたが、組織としてもしっかりしている印象を受けた。ミャンマーがアセアンのメンバーになった1997年の1年前から国家計画経済発展省の対外経済関係局内には、「国家AFTAユニット」（NAU）がつくられ、アセアンとの交渉はここが担当してきた。また、アセアン経済共同体に向けての行動計画もここが中心になって対応した。ERIAセミナーの窓口もこのNAUであった。われわれとの対応も、軍政時代は当初小さな案件も大臣の許可が要るようで、時間のかかることがあったが、全体的にはうまく機能した。また、われわれが

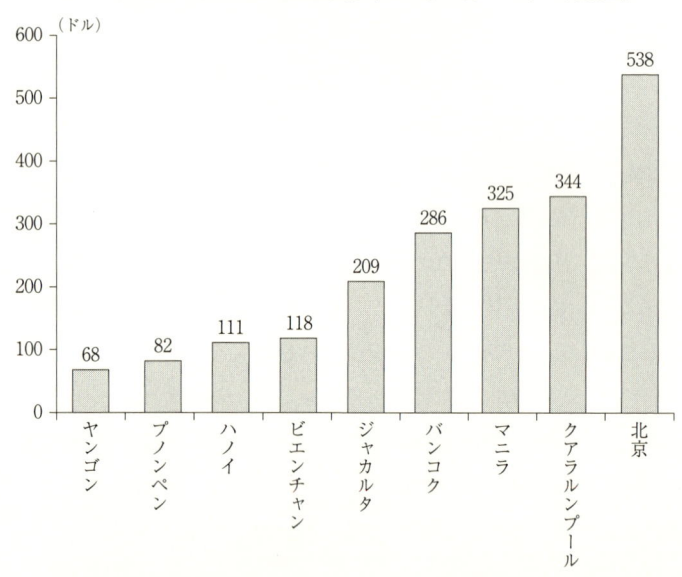

図3　首都の一般工職月額基本給（2011年12月〜12年1月調査）

都市	ドル
ヤンゴン	68
プノンペン	82
ハノイ	111
ビエンチャン	118
ジャカルタ	209
バンコク	286
マニラ	325
クアラルンプール	344
北京	538

出所：日本貿易振興機構『第22回アジア・オセアニア主要都市・地域の投資関連コスト比較』2012年4月より作成。

セミナーに招待した公務員たちも、熱心で真面目に最後まで聴講した。聴衆のマナーは、CLMV諸国の中ではピカ一であったと言えよう。

　ミャンマーに行くとわかるが、観光もとても魅力的である。観光資源は、ミャンマーの宝物と言って過言ではない。ユネスコの世界遺産級の場所がいたるところにある。バガン（囲み記事5参照）、インレー湖、マンダレー、インワ、ヤンゴン、チャイティーヨー・パゴダ（ゴールデン・ロック）等である。観光インフラがまだ整っていないが、そうしたものが徐々に整備されれば、ミャンマーの観

光業の未来はとても明るい。

囲み記事5　仏塔が林立する町、バガン

　2008年度の研修のための準備出張を12月に行った際、ネーピードーからマンダレーに車で行き、マンダレーからヤンゴンに空路戻る際にバガンに寄った。飛行場はニャウンウーという町にある。バガンは、11～13世紀に栄えたバガン王朝の都でフビライ・ハーンによって滅ぼされるまで続いた。ここには今でも数千もの仏塔や寺院が残っていて、

写真⑰　エーヤーワディ川の畔のホテル 　　写真⑱　ポパ山麓の地元信仰

写真⑲　スラマニ寺院 　　写真⑳　アーナンダ寺院

写真㉑　タビィニュ寺院

写真㉒　ダマヤンヂー寺院

写真㉓　観光客用の牛車

写真㉔　サンセット・テンプルからの夕日

見る者を圧倒する。ユネスコの文化遺産なんて軽く取れると思われるが、過去に試して断られているらしい。軍事政権だったからと思われる。まず飛行場の出口で町への入場料を取られたのにはちょっと驚いた。遺跡保存のための経費らしい。ホテルは、エーヤーワディ川の畔のティリピセヤ・サクラ・ホテルという日系資本のホテルであった。とてもきれいなホテルである（写真⑰参照）。受付に東京外大ビルマ語を出た女性研修生がいたのにもびっくりした。バガンを見学する前に、車で2時間ばかりのポパ山（死火山）に行った。ここは土着のナッ信仰の聖地で、廟は標高737mの小山の山頂に祭られている。この小山が奇妙で平地の中にぴょこんと突き出ている（写真⑱参照）。これはポパ山の火口付近が爆発で吹き飛ばされてこの小山をつくったと言われている。ポパ山頂までは約700m続く階段を素足で登らなければならない。老人の身にはこたえる。山頂で息子の留学成功を祈願した。

第 7 章　ミャンマーの発展可能性　181

> バガンはいたるところ、仏塔・寺院だらけである。なんともすごい迫力である。スラマニ寺院（写真⑲参照）、アーナンダ寺院（写真⑳参照）、タビィニュ寺院（写真㉑参照）を見学した。幽霊が出るというダマヤンヂー寺院（写真㉒参照）は敬遠した。途中、観光客用のきれいな牛車
>
> 写真㉕　バガンの漆器
>
> が通りかかった（写真㉓参照）。日の入りがきれいなのでサンセット・テンプルと言われるシュエサンドー・パゴダに登り夕日を眺めた（写真㉔参照）。なお、この地域は特産品の漆器で有名である（写真㉕参照）。本当にすごいところがあるものだ。観光地として超一級である。ミャンマーは奥が深い。

一方、移行期における問題点もいくつか指摘できる。

①議会で選挙を経ない25％の軍人たちの動静ならびに軍の動き
②軍政下で富を独占した政商たちの動向
③今後の中国の対ミャンマー外交への出方
④和平が進んではいるが、少数民族問題の行く末（ロヒンギャ問題を含む)[6]
⑤電気や通信に見るインフラストラクチャーの未整備
⑥非効率な国営企業の民営化をどこまでできるか
⑦新外資法の修正のように自由化に反対する保守的勢力の存在
⑧自由化の進捗状況の遅れ、特にアセアン経済共同体行動計画との整合性

2012年6月にテインセイン大統領は、政権が1年経った施政方針演説で、2015年までに1人当たりGDPを1.7倍に引き上げる目標を示した。IMF推計によれば2011年のミャンマーの1人当たりGDPは832ドルなので、1.7倍は1,414ドルになる。ベトナムの1人当たりGDPが2011年に1,374ドルなのでそれ以上を目指している。このためには自由化を本格的に行う必要があろう。しかし、この国の潜在能力は、上記見たように非常に高いと考えられ、目標達成も意外と速いのかもしれない。いかに自由化・規制緩和の順番を間違わずに、タイミングを合わせ、効率的に行うかにかかっている。

7-2 研修を通したミャンマー側の懸念

ここでもう一度研修を通したミャンマー側の懸念をまとめておこう。それらは要約すると、①自由化により外国資本が入ってくると、ミャンマーの企業、特に中小企業はどうなるのか、②競争力のないミャンマーの工業製品は、国内市場で外国製品に太刀打ちできないし、海外市場でも売れないのではないか、③ミャンマーの農業も自由化で打撃を受けるのではないか、④インフラストラクチャー開発の資金はどこから調達するのか、⑤人材養成が緊急に必要であるが、その方法はどうするのか、といった点であろう。これらは市場開放、自由化を行う発展途上国ではどこでも直面する問題である。アセアンは域内でまず自由化、円滑化を行い、共同市場をつくろうと決めたのだから、この流れを止めることはできない。それではどのような方策があるのだろうか。

ネーウィン体制（1962〜88年）はビルマ式社会主義を実行し、88年以降の軍政は、門戸開放、市場経済体制を標榜したが、国民の所得を向上させるためのインフラストラクチャー開発等の政策は採らず、新首都建設や、少数民族との戦いのための軍備増強に国家予算を使用した。その結果1人当たり所得は遅々として伸びないままに終わった。ある意味でアセアンに強制された自由化は、ミャンマーが本格的に開放経済に取り組むことであり、それは90年代にソ連・東欧諸国が経験した移行経済に似たところがある。そのときの議論は、漸進主義か急激な改革（ビッグバン）かというものであった。漸進主義を採り成功したと言われる典型的な例は、中国であり1980年代初頭の農家経営請負制の導入、人民公社解体、郷鎮企業制といった農業における改革から始まり、鄧小平の「南巡講和」（1992年）を経て20年以上の長い時間をかけて今の中国（社会主義市場経済）に成長した。一方、ベトナムに目を向けると、1986年発表のドイモイ政策に遡る。しかし実際に開放経済が軌道に乗り出すのは、ベトナムがアセアンに加盟した1995年以降であり、約10年間で同国経済は大発展したと言える。ビッグバン型と言えないこともない。後発の利益（先発国の経験を学ぶための学習期間を短くできる）と現代の情報化時代では、同じことをするのにも短い時間でできるとするならば、ミャンマーの自由化は、あまり時間をかけずにできそうである。その意味ではビッグバン方式（スピードが速いほど、そして規模が包括的であるほど、また順序が同時的であるほど効果が表れる）といえる。例外を認め、保護を長期化すると、レント・シーキング（規制を悪用して汚職や賄賂が横行する）や競争回避による技術革新の遅れが発生するリスクをビッグバン方式は防ぐ効用もある。

資本主義では競争力をつけることが一番重要で、競争力のない企業は廃業に追い込まれる。その意味で自由化を行えば、競争力のないミャンマー企業は苦労するであろう。しかし、競争なくして成長はない。これは90年代のラテンアメリカ、特にブラジルで見られた現象でもある。1980年代に対外債務危機を経験したラテンアメリカ諸国は、成長が止まり、新たな成長政策として、80年代に英国のサッチャー首相や米国のレーガン大統領が採用した新自由主義（ネオリベラル）を導入した。90年代に「ワシントン・コンセンサス」と言われた政策で、①金利、為替レートを市場に任せる、②貿易の自由化、③外国直接投資の受け入れ、④国営企業の民営化、⑤財政立て直しのための税制改革や補助金の廃止、⑥所有権の確立、といった自由化政策を含んでいた。ブラジルでは、90年代に外国直接投資受け入れを広範に行った結果、ブラジルに以前からあった伝統的名門企業がどんどん潰れ、あるいは外資との合弁を余儀なくされ、また、多くの中小企業も廃業に追い込まれた。若い頃従属論者であったカルドーゾ大統領（1995～2002年）ですら、国営企業の民営化を大幅に促進した。その結果、ブラジル経済は徐々に立ち直り、ルーラ大統領（2003～10年）の時期に盛り返したのであった。21世紀に入り、中国、インドの一次産品需要（食糧、飼料、鉱産資源）が増大し、これらの価格が上昇したことも成長を助けた。

　ミャンマーの場合も痛みを伴うことが予想される。しかし恐れていては何も進まない。まず農業と労働集約的な軽工業（農産品加工、繊維・縫製、靴、宝石加工、眼鏡、電動付き自転車やオートバイ等）から始めて徐々に外国資本のサプライチェインに組み込まれていくことがよいのではないか。観光業も非常に期待が持てる。農業は、

タイや中国との契約農業方式が参考となろう。技術革新は、外資企業から生産技術、経営技術、流通・マーケティング技術を学ぶところから始まる。外国企業誘致のためには、道路・港湾・飛行場といった運輸、通信、電力等のインフラストラクチャーの整備が急務である。ここで教訓になるのは、中東諸国の失敗である。

70年代に2回あった石油危機（1973年、1979年）は中東にとっては石油ボナンザであった。聡明な指導者がいてその膨大な石油収入を、戦争を回避して軍備に使わず、自国のインフラストラクチャー建設に回していれば、その後のイスラム過激派問題もビン・ラーディンも出現しなかったであろう。膨大なオイル・マネーは、欧米への不動産投資や、ロンドン、ニューヨークの金融センターに廻り、やがてラテンアメリカの巨大プロジェクト（鉱山開発）やインフラストラクチャー建設（イタイプーダムの電力開発、地下鉄や飛行場の運輸インフラ開発等）に還流したのであった。現在のドバイやアブダビの繁栄は、20年前に可能であったはずである。同様に、ミャンマーでは天然ガスブームである。その価格も上がる傾向にあり、ミャンマーにとって千載一遇のチャンスである。中東の失敗を繰り返すことなくこれを国の開発、特にインフラストラクチャー投資に是非役立てねばならない。

また、インフラストラクチャー建設や社会開発投資の資金は、世界銀行やアジア開発銀行の融資、日本を含めた各国の政府開発援助（ODA）の資金もそれぞれ再開されるので[7]それらに大いに期待できる。

7-3　日本の方向性

　日本は2012年10月時点において、デフレーション、円高、社会構造変化、公的債務累積といった四重苦に悩んでいる。デフレーションは、物価上昇がマイナスを示し、政府目標が1％という現状である。普通預金の金利が0.02％という有様では誰も銀行に預金したくはない。円高は、普通は輸入商品の価格を下げて消費者に恩恵を与えるが、今は主に輸入天然ガスの価格高騰により国際収支赤字を増やしている。福島原発事故による原子力発電から火力発電への切り替えがこれをもたらしている。社会構造変化は、高齢化に伴い社会保険料負担増、消費税増と受給額の減少を招き、貧困層が急増している。5、6年前まであった高級店・専門店は不振に喘ぎ、量販店や100円ショップばかりが流行っている。公的債務残高はGDPの3倍に達し世界一を独走している。若者の失業が増え、15年以上続いた不況と経済低迷は日本を全く別の国に変えてしまった。総額のGDPは中国に抜かれ、1人当たりGDPはシンガポールに抜かれ、またオリンピックの金メダル獲得数では韓国に負けてしまった。その上、自然災害（東日本大地震3.11とタイの2011年10月の水害）が日本の誇るサプライチェーンを寸断した。さらに、最近の領土をめぐる紛争により、中国、韓国、ロシアと仲たがいしている。お先真っ暗の日本はこれからどうしたらよいのであろうか。

　日本は、日本的やり方に固執して、日本人だけで過ごすといった従来の方法では、もはやこの難局は克服できないのではないか。一つ参考になるのは英国である。同じような島国であるが、英国は外

国人労働者（フルワークパーミット、ハイリー・スキルド・マイグラント・プログラム等）、外国資本を受け入れ、産業は製造業からサービス業に徐々に転換、外国に資産をたくさん所有して、外国での上がりで生活するというスタイルである。英国は衰えたとはいえ、エリザベス女王の即位60周年を祝い、オリンピックゲーム開催を成功させ、ノーベル賞学者を輩出し、外交でも米国と対等に渡り合っている。ロンドン金融街は世界の金融の中心であり、情報・マスコミは世界一流である。食事は不味いがスコッチウイスキーを産出する。要するに国としての個性が光っている。日本も英国モデルを参考に国際化を進め、海外に進出し、外国人労働力（特に技術を持った人への労働許可を容易に）を入れ、産業を製造業から徐々にサービス業に移行する必要があろう[8]。この円高のときだからこそ、海外に投資を行い、外国人労働者を入れやすい環境にある。産業空洞化を心配する向きもあるが、工場は海外移転させるが研究・開発部門を手放さないようにする。情報・ソフト産業、環境・公害防止産業、老人医療サービス、流通産業、金融業、文化産業（食文化も含め日本の「クールなもの」の売り出し）といったサービス業を大々的に興隆させる。外国人を入れると日本人の職を奪い、犯罪が増えるという意見もあるが、そこは住み分けが可能であり、犯罪は優秀な日本の警察が取り締まるしかない。また、英国やシンガポールのように外国人を受け入れている国からノウハウを教えてもらうことも必要であろう。要するに第二の開国が求められている。

　日本人はしゃべらないであいまいなことが美徳のように言われるが、それでは外国人にはわからない。返事がすぐ返らず、黙っていることは相手の意見に同意したことになってしまう。すぐ回答し、

論旨が明快であることが何よりも大切である。これは外交においても同様である。「特別な関係」とか、「井戸を掘った人」とか、以心伝心などと言うことは一般には通じない。これだけ政府開発援助（ODA）をやったのだから相手はわかってくれるはずだなどと情緒的に考えていてはだめなのである。ODAなら宣伝が必要であるし、こちらの意図を初めから明確にしておかないといけない。情けは人のためならずなのである。2005年の国連安全保障理事会の改革のときに、日本、ドイツ、インド、ブラジルが組んで安保理改革の枠組み決議案を提出したが、アセアン10カ国の内ベトナムとシンガポールの2カ国みのが賛成したと言われている[9]。中国の枠組み決議案反対工作に対して説得力ある外交を日本はアセアン各国にしたのであろうか。ODAをあんなに提供したのだからという安易な油断があったのではないだろうか。その結果が2カ国のみの日本支持であった。日本外交の大失敗であろう（このときは米国への説得も失敗している）。最近の領土をめぐる紛争も、相手の論争にはすぐ反論し、主張すべきことは主張し、明瞭な誰にもわかる言葉で説明しないと、世界は日本の真意を誤解する。こういう問題は存在しないと言って反論しないと、世界は、反論しないから相手が言っていることに日本は同意していると考える。領土問題という同じ土俵に立つのではなくて、解決済みという理由を何度も説明しないといけない。

　さて目を東アジアに向けると、最近のアジアの発展は日本人の想像を超えている。アセアンはそれ自身で経済共同体をつくろうと邁進しているし、そのために域内貿易・投資の自由化、円滑化を次々と進めている。さらに前述したように周辺国と自由貿易協定を結び、アセアンがアジア貿易のハブとなった。この地域と日本は対等の立

場で、「ウィン・ウィン」関係を築く必要がある。経済に関して言えば、この巨大市場をめぐり日本はすでに中国や韓国に遅れを取ったのである。品質、しかも余計な品質にこだわるあまりに、価格競争に敗れたのである。アジア中間層のニーズを読み間違えたのである。円高である現在はこの地域に出るチャンスである。中国リスクや自然災害によるリスクを避け、多角的なサプライチェインの再構築を、アジア域内の国境を越えて行う必要があろう。中国は非常に重要な国であることは論を俟たないが、アセアンとインドを合わせた人口は18億人を超え、今後の生産基地としても、一大市場としても主要な地位を占めることは間違いない。

　アセアン内の一番の懸案事項は、アセアン先行加盟国とCLMV諸国の発展格差・所得格差問題である。これに関してはアセアン自身もAEC行動計画の中で4本柱の一つとして「公平な経済開発」を掲げ、アセアン統合イニシャティブ（IAI）を通して格差解消に努めている。この問題について日本は充分な貢献ができると考える（例えば、6章の注2参照）。政府レベルでは、日本〜メコン首脳会談（この第3回会談は、インドネシアのセブ島で2011年11月に行われた。メンバーは、日本、カンボジア、ラオス、ミャンマー、タイ、ベトナムである）で日本が種々の支援策を約束している。またERIAを通して研究や、人材育成策を実施している。正にわれわれがこの本で説明した研修もその一環であった。援助は、金銭によるもの、物資によるもの、あるいは技術的支援を通して行われるが、人材育成のように「人と人」を通した繋がりが一番大切であり、地味ではあるが末長く行うべき支援と考える。一方、民間レベルでも、日本からの直接投資は、カンボジア、ラオス、ミャンマーに徐々に

増えてきている。

　なかでもミャンマーはアセアン諸国の中の最貧国である。ミャンマーの新政権は自由化、経済開放政策を採った。今後の同国の発展は、すでに説明したように非常に明るい。この機会に日本はミャンマーの発展に寄与すべきである。それは「特別な関係」（かつて、日本はビルマ独立義勇軍のアウンサンやネーウィンたち志士を育てたといわれ、ミャンマー軍政時代も日本との関係は特別であったといわれる）とは関係なく、対等な立場で経済的利益をお互いに追求するという論理に基づく開発であり、関係である。ミャンマーは必ずあまり時を経ずしてアセアンの大国、主要国になるであろう。

注
1) 工藤年博、前掲書、167頁。
2) 日本貿易振興機構『世界貿易投資報告2012年版』2012年。
3) http://faostat.fao.org/site/377/DesktopDefault.aspx?PageID=377#ancor
4) E10、E20でガソリンにそれぞれ10％、20％のエタノールを混入。Mitsuhiro Kagami, "New Development Strategies for the MRBCs: A Possibility of Biomass Energy Development", Y. Ueki and T. Bhongmakapat (eds.), *Industrial Readjustment in the Mekong River Basin Countires: Toward the AEC*, BRC Research Report No. 7, Bangkok Research Center, IDE-JETRO, Bangkok, 2012 参照。
5) 日本貿易振興機構『第22回アジア・オセアニア主要都市・地域の投資関連コスト比較』2012年4月。
6) 現在のバングラデッシュからかつてビルマに入ったイスラム教徒たちの帰属をめぐる問題。
7) 世界銀行の対ミャンマー融資は約25年ぶり、アジア開発銀行は約24年ぶり、日本の円借款は1987年凍結以来となる。

8) 世界銀行のデータベースによると、2010年における日本の工業部門とサービス部門の対GDP比率は、27.38％と71.46％、一方、英国は、それぞれ21.67％と77.61％である。また、対外直接投資純額の対GDP比は、2011年において日本2.0％に対して英国は3.8％と積極的に海外投資を行っている。
9) 服部則夫「ベトナムと云う国——日越自然の同盟関係」(前篇)、『霞関会会報』2012年5月号、No. 793、社団法人霞関会。

あとがき

シュエダゴン・パゴダにある小仏

現在日本は、領土に関する争いがロシア、韓国、中国と顕在化し、東アジアの中で日本が主導権を握ってアジア経済外交を進めることが非常に難しい状況になって来ている。また、2011年から米国とロシアが東アジア首脳会談（アセアン10カ国、日本、韓国、中国、インド、オーストラリア、ニュージーランドの6カ国、さらに米国、ロシアの2カ国、計18カ国のサミット）のメンバーになり、ますますイニシャティブを取りづらくなっている現状がある。ロシアは、2005年から始まった第1回東アジア首脳会談からオブザーバー参加して、アジアに興味を示してきたし、米国は中東介入から、中国の軍事的台頭（特に海軍力）と経済力の増大を受けて外交の舵をアジアに切った。その象徴的出来事が、2010年10月のハノイで開催された東アジア首脳会談で、ここにおいて米国の国務長官とロシアの外務大臣が議長国（ベトナム）のスペシャル・ゲストとして招待され、両国の2011年からのサミット参加が承認された。

　考えてみると、2001年の9.11事件以後米国は中東に軍事介入を始めたが、その年から2011年の東アジア首脳会談のメンバーになる10年の間が、日本が自由に指導力を発揮して東アジア経済外交を引っ張った最も幸福な時期であったと言えないこともない。この間に日本（経済産業省）は、「東アジア・アセアン経済研究センター」（ERIA）をジャカルタに立ち上げ、中国の後ろ盾のアセアン＋3自由貿易地域設立に対抗してアセアン＋6の「東アジアEPA」構想（通称CEPEA）を出し、東アジア共同体の設立を主導した。また、アセアン内の先行アセアン加盟国と新規アセアン加盟国の間にある発展格差、知識・情報格差を解消するために、ERIAを使って人材養成プログラムを積極的に展開した。それがここに紹介した政策担

当公務員を対象にしたCLMV研修であった。政策担当官対象といっても公開のセミナーなので、バンコクで行ったワークショップを除き、一般の人々、ビジネスマン、学生等も多数参加した。研修に参加した人々は、2007～11年で1,892人に上っている（筆者自身が今まで関係したすべてのミャンマー研修生は計580人）。こうした人材養成活動は、コツコツと長期に続けることに意味があり、またそうすれば効果も大きいものとなる。人と人との繋がりが結局はこの世の中、かけ替えのないものなのである。この点でシンガポールの人材開発の一貫的方針は一つの示唆を与える。同国はCLMV諸国の重要性に早くから気づき、「第1次IAIワークプラン 2002-2008」を通して4カ国の各国に研修センターを設立して地道に教育を行ってきた。また、「第2次IAIワークプラン 2009-2015」に対しても技術協力を中心に6,400万ドルの支出を約束している（結局シンガポールのIAI全体に対する約束総額は1億3,472万ドルに上る）。

ここでは、特にミャンマーを取り上げ説明したが、要するにミャンマーの自由化路線は、軍政下でも2008年頃から明白に手をつけられ着実に行われて来ており、その背景にはアセアンの共同体としての結束があったことを理解して頂けたと思う。ミャンマーはついに「夜明け」を迎えたのである。これはミャンマー政府の中に実際に入ってみないとわからないことであった。また、東アジアが、日本が考える以上に自由貿易に関して先を歩んでいることもわかって頂けたら望外の喜びである。

筆者は、もともとラテンアメリカの研究が長く、アジアに長期に滞在したのは、今回が初めてであった。そのためアジアの知識は浅薄で、ここでもたくさんの間違いやミス、勘違いが多いと思われる。

それらはすべて筆者の責任である。またここに述べた見解は、筆者個人のものであり、所属していた機関のものではないことをお断りしておく。また、写真は特に断りがない限り筆者のカメラですべて撮ったものである。手振れ等見にくいものもあるがご容赦願いたい。カラーでお見せできないのが残念である。

　終わりにあたり、筆者と苦労をともにしてくれたバンコク研究センターの皆さまに感謝したい。この研修のためには、サポート部隊が不可欠であり、少ない人数でよくこなしてくれた。特にタイ人スタッフ、クン・アンカナ・ピニョスヌンとクン・スンタレー・ジツラピィニョに感謝したい。毎回、打ち合わせの準備出張と本番の出張をしなければならず、筆者のパスポートには、1ページを占める大きなミャンマーのビザが8枚も付いている。また、バンコクで開催したワークショップ（2011年は洪水のためプーケット開催）も非常に神経を使った。各国の政策担当官いわば各国の頭脳をお預かりするわけであるから大変であった。今までの研修プロジェクトが参加者も含めつつがなく無事に終了できたのは、スタッフ全員のお陰である。心より御礼申し上げる次第です。セミナー、ワークショップに講師として参加して頂いた内外の先生方の協力は、大変ありがたかった。また、ジャカルタのERIA本部には研修予算も含めて本当にお世話になった。特に、全日空から出向して研修事業を担当したお二人のERIA企画調整課長、上坪雄之氏と岡崎央氏には感謝したい。さらに、ビルマ語の日本語表記に関しては、東京大学東洋文化研究所高橋昭雄教授のご協力に感謝。この本の出版に際しご助力頂いた帝京大学経済学部長の廣田功教授には特に御礼申し上げたい。

最後にこの本の出版に際し、日本経済評論社代表取締役栗原哲也氏と出版部の谷口京延氏に大変お世話になった。改めて感謝の意を表したい。

　　　　　　　　　　　　　　　　　　2012年秋晴れの東京にて

参考文献

〈日本語文献〉

工藤年博「ミャンマーとメコン地域開発」、石田正美・工藤年博編『大メコン圏経済協力——実現する3つの経済回廊』アジア経済研究所、2007年。

工藤年博編『ミャンマー政治の実像——軍政23年の功罪と新政権のゆくえ』アジア経済研究所、2012年。

石田正美・工藤年博編『大メコン圏経済協力——実現する3つの経済回廊』情報分析レポート No. 4、アジア経済研究所、2007年。

石田正美編『メコン地域国境経済をみる』アジア経済研究所、2010年。

川田敦相『メコン広域経済圏——インフラ整備で一体改革』勁草書房、2011年。

石川幸一・清水一史・助川成也編著『ASEAN 経済共同体——東アジア統合の核となりうるか』ジェトロ、2009年。

服部則夫「ベトナムと云う国——日越自然の同盟関係」(前篇)、『霞関会会報』2012年5月号、No. 793、社団法人霞関会。

高橋昭雄『ミャンマーの国と民——日緬比較村落社会論の試み』明石書店、2012年。

日本貿易振興機構『ジェトロ世界貿易投資報告2011年版』2011年。

日本貿易振興機構『ジェトロ世界貿易投資報告2012年版』2012年。

日本貿易振興機構『第22回アジア・オセアニア主要都市・地域の投資関連コスト比較』2012年4月。

ジェトロ・ヤンゴン事務所「ミャンマーのビジネス・投資環境」2012年9月。

経済産業省「グローバル経済戦略」2006年4月。

経済産業省『通商白書2012年版』2012年。

日本経済新聞2011年12月20日付。

アジア経済研究所編『アジア動向年報2012』アジア経済研究所、2012年。

アジア経済研究所『アジア経済研究所2006年度年報』2007年。

アジア経済研究所『アジア経済研究所2007年度年報』2008年。

〈外国語文献〉

ASEAN Secretariat, "Press Statement by Chairman, 4th ASEAN Informal Summit", Singapore, November 25, 2000.

ASEAN Secretariat, "ASEAN Framework Agreement for the Integration of Priority Sectors", Vientiane, November 29, 2004.

ASEAN Secretariat, "Chairman's Statement of the 13th ASEAN Summit", Singapore, November 20, 2007.

ASEAN Secretariat, "ASEAN Economic Community Blueprint", Singapore, November 20, 2007.

ASEAN Secretariat, "Strategic Schedule for ASEAN Economic Community", Singapore, November 20, 2007.

ASEAN Secretariat, "Status Update of the IAI Work Plan I 2002-2008", October 2009.

ASEAN Secretariat, *ASEAN Economic Community Scorecard: Charting Progress toward Regional Economic Integration, Phase I (2008-2009) and Phase II (2010-2011)*, March 2012.

The Republic of the Union of Myanmar, "Foreign Investment Law No. 21/2012", November 2, 2012.

Mitsuhiro Kagami, "Policy Recommendations of the ERIA Study Project (FY2007)", BRC Discussion Paper Series No. 1, Bangkok Research Center, IDE-JETRO, March 2008.

Mitsuhiro Kagami, "Recent Trend in Asian Integration and Japanese Participation", M. Kagami (ed.), *Intermediate Goods Trade in East Asia: Economic Deepening through FTAs/EPAs*, BRC Research Report No. 5, Bangkok Research Center, IDE-JETRO, Bangkok, (January) 2011.

Mitsuhiro Kagami, "New Development Strategies for the MRBCs: A Possibility of Biomass Energy Development", Y. Ueki and T.

Bhongmakapat (eds.), *Industrial Readjustment in the Mekong River Basin Countires: Toward the AEC*, BRC Research Report No. 7, Bangkok Research Center, IDE-JETRO, Bangkok, 2012.

Yasushi Ueki, "Intermediate Goods Trade in East Asia", M. Kagami (ed.), *Intermediate Goods Trade in East Asia: Economic Deepening through FTAs/EPAs*, BRC Research Report No. 5, Bangkok Research Center, IDE-JETRO, Bangkok, (January) 2011.

Aye Aye Win, "Issues and its Prospect of SME Development in Myanmar", presented at Naypyitaw ERIA Seminar on "The Issues and Prospects in Post-AEC" in September 23, 2011.

Masahiro Kawai and Ganeshan Wignaraja, "ASEAN+3 or ASEAN+6: Which Way Forward?", ADB Institute Discussion Paper No. 77, ADB Institute, September 2007.

Jayant Menon and Anna Cassandra Melendez, "Trade and Investment in the Greater Mekong Subregion: Remaining Challenges and the Unfinished Policy Agenda", Asian Development Bank, May 2011.

〈ウェブサイト〉

http://www.aseansec.org/

http://www.asean.org/news/item/the-fourth-asean-informal-summit-22-25-november-2000-singapore

http://www.asean.org/news/item/declaration-of-asean-concord-ii-bali-concord-ii

http://www.asean.org/archive/5187-10.pdf

http://www.asean.org/news/item/iai-work-plan-i-2002-2008

http://www.asean.org/images/2012/Economic/AIA/IAI%20Work%20Plan%202%20(2009-2015).pdf

http://www.asean.org/images/2012/Economic/IAI/IAI%20Work%20Plan%20I.pdf

http://www.aseansec.org/stat/Table2.pdf

http://www.aseansec.org/19280htm

http://www.eria.org/

http://www.mfa.gov.sg/content/mfa/international_organization_initiatives/asean.html

http://www.ide.go.jp/English/Publish/Download/Brc/

http://www.imf.org/external/pubs/ft/weo/2012/01/weodata/weoselgr.aspx

http://data.worldbank.org/indicator

https://sdbs.adb.org/sdbs/index.jsp

http://faostat.fao.org/site/377/DesktopDefault.aspx?PageID=377#ancor

索　引

アルファベット略語

ACMECS　85, 86
AEC　14-16, 19, 21-24, 53, 54, 101, 106, 111, 128, 135, 136, 189, 190
AFAS　3, 17
AFTA　3, 10, 14, 17, 32, 60, 81, 84, 177
AIA　3, 17, 29
AJCEP　11, 128
ATIGA　3, 10, 11, 17, 149
CBTA　157
CEPEA　26, 27, 34, 194
CEPT　3, 5, 10, 14, 17
EAFTA　25-27
ERIA　ii, 26, 32, 34, 35, 37, 38, 40, 46, 80, 81, 84, 91-95, 101-103, 106-109, 111, 113, 120-122, 126-128, 130, 134, 135, 139-143, 146, 160-163, 167-169, 177, 189, 194, 196
FTAAP　27
GMS　60, 85, 135, 157
HDD　8, 144
IAI　15, 20, 21, 24, 53, 96, 166, 174, 189, 195
MCDV　142, 145, 146
RCEP　27
TPP　27

ア行

アイアイウィン　44, 137
アウンウィンカイン　103, 150-152
アウンサンスーチー（またはスーチー）　81, 122, 169, 171
アウンチー　171
アウンミン　171
アセアン議長国　134, 169

アセアン経済共同体（AEC）　13-15, 21, 25, 53, 60, 70, 75, 101, 106, 113, 121, 127, 128, 130, 132, 135, 151, 160, 162, 167, 169, 177
アセアン経済共同体行動計画（ブループリント）　iii, 15, 16, 18, 19, 54, 130, 167, 169, 181
アセアン経済共同体スコアカード（スコアカード）　15, 16, 22-24, 135, 167
アセアン自由貿易地域（AFTA）　3, 10
アセアン統合イニシャティブ（IAI）　15, 20, 53, 166, 189
アセアン・日本包括的経済連携（AJCEP）　11, 128
アセアン・パワー・グリッド　20
アセアン標準　150, 157
アセアン物品貿易協定（ATIGA）　3, 17, 149
アセアン＋1　ii, 11, 25, 149
アセアン＋3　25, 26, 194
アセアン＋6　25-27, 127, 150, 194
アセアン・プラス・プラス　27
アセアン包括的投資協定（ACIA）　17, 28
石田正美　42, 78, 109, 199
一次産品の罠　52
イェダグン・ガス田　61, 176
インキュベーター　76
インターネット・バックボーン　77
インパール作戦　49
浦田秀次郎　143
越境輸送協定（CBTA）　157
大矢一夫　42, 115-117
岡崎彰徳　149, 150

奥田碩　34
オープン・スカイ　20

カ行

春日原大樹　37
上坪雄之　109, 130, 196
カンゾウ　iii, 41-43, 95, 96, 98, 101, 106, 107, 110, 122, 129, 131, 133, 134, 138-141, 169, 171, 172, 176
木村福成　34, 41, 94
競争政策　17, 24, 113-115, 117, 140, 167
共通有効特恵関税（CEPT）　3, 10
拠点開発（──主義、──戦略）　57, 146, 147
キンサンイー　141, 142, 152, 171, 172
工藤年博　78, 142, 145-147, 190, 199
久保公二　44, 136
契約農業　86, 148, 185
ケツルアズキ（毛蔓小豆）　52, 62
原産地規則　13, 26
工業開発委員会（IDC）　59, 73, 75, 167, 170
高坂章　40-43, 107
国民民主連盟（NLD）　169
小島英太郎　43, 85, 94, 116, 123, 128, 129
国家AFTAユニット（NAU）　60, 81, 84, 177
国境貿易　57, 58, 63, 64, 97
ゴールデン・ロック　153, 155, 156, 178
昆明─シンガポール鉄道連結　20

サ行

サイクロン「ナルギス」　168
サプライチェイン（──ネットワーク）　ii, 4, 19, 21, 74, 76, 116, 118, 144, 145, 147, 148, 150, 184, 186, 189
サンテイン　44, 137
篠原三代平　157
ジャイアント・メノン　43-45, 135
シュエー・ガス田　176
シュエダゴン・パゴダ　83, 124, 153, 154, 165, 193
上座部仏教（テーラワーダ）　124, 154
人民公社解体　183
シングル・ウィンドウ　14, 17
スパゲッティ・ボール効果　13, 21
スリン・ピッスワン　34
セブ宣言　14, 167
センシティブ品目（──産品）　28, 86, 149
相互認証協定　14, 18, 20
ソーテイン　170-172
ソンポップ・マナルンサン　86, 87

タ行

ダウェー　56, 57, 67, 78, 94, 129, 148
高橋昭雄　42, 43, 98, 99, 109, 115, 118, 129, 157, 196, 199
地域包括的経済連携（RCEP）　27
中国リスク　ii, 189
チェンマイ合意　25, 96, 99
チャイティーヨー　153, 155, 178
チャウピュー　56, 67, 176
チョーサン　171, 173
チョウチョウテイン　44, 136
辻正次　42, 115, 117
ティーラナ・ボーンマカバット　42, 115, 116
ティラワ　56
テインセイン　iii, 133, 146, 166, 169, 171, 172, 182
ティンナインテイン　136, 138, 139, 169, 171, 172
ディン・バン・アン　34
デング熱　111-113
天然ガス　ii, 50, 60-63, 65, 67, 68, 130, 134, 176, 185, 186
ドイモイ政策　183
東南アジア競技大会　170
特別な関係　188, 190

トゥーラインゾウ　87, 99, 100, 123

ナ行

内国民待遇　3, 149
西村英俊　34, 120
日本〜メコン首脳会議　145, 189
ニポン・ポアポンサコン　147, 148
ネーピードー　39-41, 43, 44, 48, 75, 77, 81-84, 87, 88, 91-94, 95, 100, 102, 106, 112, 121-124, 126, 130-132, 134, 139, 141, 142, 147, 152, 153, 157, 159, 167, 169, 170, 179
南巡講和　183
南部経済回廊計画　67

ハ行

バガン　49, 85, 126, 178, 179-181
ハディ・スサストロ　121
バリ協約II　14, 17
ハンク・リム　41-45, 96, 108, 115, 118, 119, 122, 127, 142
バンコク研究センター　35, 37-40, 80, 81, 95, 106, 109, 116, 120, 121, 132, 163, 196
東アジア・アセアン経済研究センター（ERIA）　11, 26, 32, 34, 194
東アジア首脳会談（EAS）　2, 5, 26, 27, 33, 34, 194
東アジア・ビジョン・グループ　25
ビッグバン　183
ピャポン　77
ヒンタ　125, 126
ピンマナ　82-84
部派仏教　154
フラトゥン　171
プロメティ・ビモルシリ　40, 85, 86
ブンタウ　67, 129
ポンシアーノ・インタル, Jr.　44, 135

マ行

マハムニ仏（――・パゴダ）　153, 156

マンダレー　55, 57, 77, 78, 80, 83, 100-106, 109-111, 120, 141, 142, 146-148, 150, 152, 153, 156, 162, 163, 167, 174, 178, 179
ミッソンダム　171
ミャンマー包括的開発ビジョン（MCDV）　142, 145
ミャンマー縫製業者協会　74, 128
ミョーヌエ　84, 87, 92-94, 99-102, 106, 113, 122, 167
メイッティーラ　55, 57, 102, 106, 175

ヤ行

ヤダナ・ガス田　61, 176
ヤダナボン　69, 78, 98, 106
山澤逸平　41, 96
ヤンゴン　iii, 36, 53, 55-57, 68, 69, 74, 76-78, 81, 83-85, 87, 88, 92-95, 100-103, 105, 106, 110-112, 116, 122-124, 126, 128-130, 133, 134, 141, 147, 152-155, 163, 169, 171, 177-179, 199
輸出志向型工業化　9

ラ行

ライライテイン　81, 93, 99
リーマン・ショック　2, 7, 9, 51, 106, 118, 160
リョクトウ（緑豆）　52, 62
レド公路　147, 157
連邦団結発展党（USDP）　133, 170
ロヒンギャ問題　181

ワ行

ワシントン・コンセンサス　184
ワン・ストップ・サービス　17, 85, 121

【著者略歴】

加賀美充洋（かがみ・みつひろ）

1943年長野県生まれ。1967年国際基督教大学卒業、アジア経済研究所入所。1971～73年海外派遣員としてスタンフォード大学経済学部大学院に派遣され、修士取得。1998年アジア経済研究所と日本貿易振興会の統合（IDE-JETRO）。2000～03年JETRO理事。2001年広島大学より学術博士（開発経済学）授与。2003～07年ニカラグア駐在日本国大使。2007～11年JETROバンコク研究センター所長。2011年～現在帝京大学経済学部教授。

主な著書、編著に『貧困国への援助再考──ニカラグア草の根援助からの教訓』アジアを見る眼シリーズNo. 111、アジア経済研究所（2009）、M. Tsuji, E. Giovannetti and M. Kagami（eds.）*Industrial Agglomeration and New Technologies: A Global Perspective*, Edward Elgar Publishing Ltd.（2007）、M. Kagami（ed.）*Intermediate Goods Trade in East Asia: Economic Deepening through FTAs/EPAs*, BRC Research Report No. 5, Bangkok Research Center, Bangkok（2011）などがある。

ミャンマーの夜明け

2013年7月18日　第1刷発行　　　　定価（本体2000円＋税）

著者　加賀美充洋
発行者　栗原哲也

発行所　株式会社　日本経済評論社
〒101-0051　東京都千代田区神田神保町3-2
電話　03-3230-1661　FAX　03-3265-2993
info8188@nikkeihyo.co.jp
URL：http://www.nikkeihyo.co.jp

装幀＊渡辺美知子　　印刷＊文昇堂・製本＊誠製本

乱丁・落丁本はお取替えいたします。　　　　Printed in Japan
© KAGAMI Mitsuhiro 2013　　　　　ISBN978-4-8188-2280-1

・本書の複製権・翻訳権・上映権・譲渡権・公衆送信権（送信可能化権を含む）は、㈱日本経済評論社が保有します。

・**JCOPY**〈㈳出版者著作権管理機構　委託出版物〉
本書の無断複写は著作権法上での例外を除き禁じられています。複写される場合は、そのつど事前に、㈳出版者著作権管理機構（電話03-3513-6969、FAX03-3513-6979、e-mail: info@jcopy.or.jp）の許諾を得てください。